LE TRAJET DE LA FORMATION

Collection **Savoir et formation**
dirigée par Jacky Beillerot et Michel Gault

A la croisée de l'économique, du social et du culturel, des acquis du passé et des investissements qui engagent l'avenir, la formation s'impose désormais comme passage obligé, tant pour la survie et le développement des sociétés, que pour l'accomplissement des individus.

La formation articule savoir et savoir-faire, elle conjugue l'appropriation des connaissances et des pratiques à des fins professionnelles, sociales, personnelles et l'exploration des thèses et des valeurs qui les sous-tendent, du sens à leur assigner.

La collection *Savoir et Formation* veut contribuer à l'information et à la réflexion sur ces aspects majeurs.

Dernières parutions

Anne BARRERE, *Les enseignants au travail, routines incertaines*, 2002.
Gilles BILLOTTE, *L'équipe pédagogique : vers une nouvelle identité professionnelle des enseignants*, 2002.
Philippe CARRE et André MOISAN, *La formation autodirigée*, 2002.
Colette LATERRASSE, *Du rapport au savoir à l'école et à l'Université*, 2002.
Yves MEUNIER et Daniel CHETOUI, *Les éducateurs de jeunes enfants : une identité professionnelle en évolution ?*, 2002.
Jean-Luc RINAUDO, *Des souris et des maîtres*, 2002.
Philippe CARRE et André MOISAN (eds.), *L'autoformation, fait social ? Aspects historiques et sociologiques*, 2002.
Jean-François MARCEL (éd.), *Les sciences de l'éducation : des recherches,* une *discipline*, 2002.
Christiane MONTANDON, *Approches systématiques des dispositifs pédagogiques : enjeux et méthodes*, 2002.
Collectif du MOULIN, *Intégrer les formations ouvertes – Résultats et analyse d'une conférence de consensus*, 2002
Dominique FABLET, *Les interventions socio-éducatives*, 2002.
Collectif, *L'identité chez les formateurs d'enseignants. Echanges franco-québécois*, 2002.
Jean-François CHOSSON, *Pratiques de l'entrainement mental*, 2002.
Bernadette TILLARD, *Des familles face à la naissance*, 2002.
Jacky BEILLEROT, *Pédagogie : chroniques d'une décennie (1991-2001)*, 2002.
P. CARRE, M. TETART (coord.), *Les ateliers de pédagogie personnalisée*, 2002.
Bernadette TILLARD (coord.), *Groupes de parents*, 2002.

Gilles FERRY

LE TRAJET DE LA FORMATION

Les enseignants entre la théorie et la pratique

Nouvelle édition

Postface de Philippe MEIRIEU

L'Harmattan
5-7, rue de l'École-Polytechnique
75005 Paris
FRANCE

L'Harmattan Hongrie
Hargita u. 3
1026 Budapest
HONGRIE

L'Harmattan Italia
Via Bava, 37
10214 Torino
ITALIE

© L'Harmattan, 2003
ISBN : 2-7475-4383-8

à Christine

Que peut faire un enseignant ?
Comment savoir ? Et qui peut le savoir ?
Lui-même ou d'autres, plus savants ?
A quelle formation devra-t-il de savoir faire,
de savoir ce qu'il fait, et ce qu'il veut faire ?
De ces question rebondissantes
aux détours de mon expérience d'enseignant et de formateur
je tente de faire le point.
Le statut du discours pédagogique, pris entre la pratique
et la théorie est examiné dans un premier temps.
A partir de quoi se conçoit une problématique
pédagogique de la formation des enseignants par la mise
en perspective de trois modèles qui privilégient
respectivement les acquisitions, la démarche, l'analyse.

Table des matières

Prologue — 1

1. Le discours théorico-pratique de la pédagogie — 7
   1. Un discours ambigu — 10
   2. De la pédagogie aux sciences de l'éducation — 18
   3. Une reconquête — 26

2. L'assignation à se former — 29
   1. L'avènement de la formation — 30
   2. Spécificité de la formation des enseignants — 36
      2.1. Une formation double — 38
      2.2. Une formation professionnelle — 41
      2.3. Une formation de formateurs — 43

3. Acquérir, s'éprouver, comprendre — 47
   1. Modèle centré sur les acquisitions — 51
   2. Modèle centré sur la démarche — 54
   3. Modèle centré sur l'analyse — 57

4. Des visées transformatrices — 65
   1. L'approche fonctionnaliste — 66
   2. L'approche scientifique — 69
   3. L'approche technologique — 72
   4. L'approche situationnelle — 77

5. Bibliographie sur la pédagogie de la formation des enseignants — 81
   1. Généralités sur la formation des enseignants — 87
   2. L'éducation des adultes et la formation permanente — 97
   3. Modes d'approche de la formation des enseignants — 99

Prologue

Pourquoi la formation des enseignants est-elle depuis longtemps, depuis que j'ai demandé à enseigner en école normale (c'était en 1950), un sujet de préoccupation central autour duquel se sont organisés, dans un rapport plus ou moins direct, l'ensemble de mes activités d'enseignement et de formation ainsi que les thèmes de mes recherches ?

On justifie habituellement le choix d'un sujet en proclamant son importance objective et en montrant que l'un de ses aspects jugé particulièrement significatif, n'a encore donné lieu à aucune étude approfondie. Entre mille sujets possibles, la rationalité commanderait au chercheur de s'employer à boucher un trou resté séant dans l'édifice du savoir.

Je pourrais soutenir, il m'est arrivé de le faire, que la formation des enseignants est le problème-clef du système éducatif, que la manière dont les enseignants sont formés (selon quels objectifs, quelles méthodes, pour quelles sortes de pratiques, dans quel esprit) illustre et détermine l'orientation de l'école, non seulement au plan de la transmision des connaissances, mais aussi de ce système de dispositions structurées caractéristiques d'une culture que Bourdieu appelle *habitus*[1], et pour tout dire, d'une idéologie. Il apparaît en effet que l'institution de formation des enseignants est le lieu de la plus forte concentration idéologique, là où s'effectue l'intériorisation par les futurs « maîtres » des valeurs et des normes d'une société en vue d'une

---
1. P. Bourdieu, *Esquisse d'une théorie de la pratique*, Genève-Paris, Droz, 1972, p. 175.

extériorisation ultérieure dans l'action éducative à l'échelle de la nation. J'ajouterais que peu de travaux ont porté sur les modèles et les systèmes de formation d'enseignants, du moins en France, que ce secteur a été beaucoup moins exploré que la plupart des autres secteurs de la formation des adultes ou de la formation des formateurs.

Il est vrai que la nécessité se fait sentir de développer des recherches et des études sur la formation des enseignants afin d'en évaluer les pratiques existantes, d'en dégager une problématique, de concevoir des projets novateurs et, par là, de fournir des éléments de réflexion et de décision à ceux qui ont à mettre en œuvre une politique d'ensemble de formation des enseignants (souhaitée et toujours différée depuis le temps lointain du plan Langevin-Wallon) c'est-à-dire en définitive une politique de l'école.

Pour vraies que soient ces considérations, elles ne rendent compte ni de la récurrence ni de l'orientation d'un investissement qui traduit un intérêt personnel profond. Il faut évidemment en chercher non l'origine (ce qui serait simpliste), mais l'émergence progressive dans les circonstances diverses de mon expérience scolaire et professionnelle, comme élève, comme enseignant et comme formateur. Sans tenter un diagnostic, sans pouvoir apprécier l'impact relatif des diverses circonstances, des influences qui se sont exercées sur moi et de mon propre mode de fonctionnement, il me faut relever trois épisodes de mes « années d'apprentissage » qui, à l'évidence, me semblent significatifs quand je réfléchis à l'orientation que j'ai prise.

Le premier est mon expérience de lycéen, marquée par le refus scolaire et l'échec. Désintérêt, révolte, chahut, séchage, conflits rebondissants avec les professeurs et les surveillants me rivaient à l'enfer d'une culpabilité presque permanente, avec pourtant quelques éclaircies paradisiaques : l'accrochage admiratif et mobilisateur avec deux ou trois professeurs, spécialement avec un professeur de lettres dont je suis devenu l'ami, et la découverte enivrée de la philosophie en classe terminale.

C'était pour l'essentiel l'expérience banale d'un adolescent des années 30 appartenant à cette « rêveuse bourgeoisie » qui rêvait d'un monde sans entraves comblant tous ses désirs, et qui conjurait ainsi l'angoisse de la montée des périls à l'horizon européen. Mais le caractère passionnel des rapports vécus avec les professeurs, parfois sur un mode positif, le plus souvent sur un mode négatif, apparaît plus singulier. Beaucoup plus que mes camarades de l'époque, je suis sorti du lycée frustré, mécontent et soulagé.

J'avais un compte à régler avec l'institution, les professeurs, l'autorité, le savoir.

Deuxième épisode : la guerre.

Que cet état de rêve éveillé se soit plus ou moins continué pendant mes années d'étudiant en Khâgne et à la Sorbonne, que le moment venu j'ai même traversé comme un halluciné les premiers événements de la guerre (la drôle de guerre, les engagements meurtriers de l'été 40, la débâcle, la captivité), je ne le note ici que pour relever dans ce tableau la persistance d'une interrogation qui paradoxalement me reliait à la réalité, ou du moins à une réalité alors lointaine et pourtant présente en moi. Cette interrogation portait sur l'acte d'enseigner. Enseigner, ou éduquer, ou former, ou initier, je ne sais plus, en tout cas transmettre quelque choses (des connaissances, des émotions, des découvertes) à quelqu'un (enfant, adolescent ou adulte). Je m'y étais essayé à l'occasion en donnant des leçons particulières et des « petits cours ». J'avais surtout pris goût à lire à haute voix des textes, à en faire passer la vibration. En captivité, je participais activement à « l'université du camp », je faisais des exposés, j'animais « des groupes d'études ». Et j'aspirais à la paternité.

En même temps je commençais à réfléchir à la pédagogie, à réexaminer les pédagogies auxquelles j'avais eu affaire comme élève. J'en suis venu un jour d'oflag à l'idée de créer une publication à l'usage des instituteurs. Bien que la correspondance soit frappante, il ne s'agissait pas pour moi de reproduire en l'actualisant cette lettre aux instituteurs que mon ancêtre (par homonymie), Jules Ferry, avait écrite pour exalter leur mission morale et idéologique. J'ignorais à l'époque jusqu'à l'existence de la lettre aux instituteurs et la publication à laquelle je pensais était plutôt d'ordre pédagogique. Ce projet était vague et n'a pas eu de suite immédiate. Il s'est, en fait, réalisé vingt ans plus tard lorsque j'ai été appelé à diriger la rédaction de la revue *l'Éducation nationale*.

Ce qui est clair c'est que je n'avais pas seulement envie d'enseigner, je voulais aussi dire quelque chose aux enseignants, sans bien savoir quoi, ni comment. Le désir de transmettre, qui est désir de contact avec un public de spectateurs, d'auditeurs ou d'élèves, plaisir pris à « toucher » en même temps qu'à donner et à capter (captiver l'attention, polariser l'intérêt), j'en éprouvais bientôt les délices dans des activités professionnelles : celle de comédien dans une compagnie qui tournait en zone libre, puis celle de formateur (on disait alors instructeur) à l'École nationale des cadres d'Uriage où s'élaborait une pédagogie des adultes.

Ce furent les derniers répits dans la tourmente, car la réalité cette fois faisait brutalement irruption et me chassait de mes refuges : la mort d'êtres proches, les angoisses de la clandestinité, les arrestations, les combats de la résistance et ses rivalités politiques, les conditions acrobatiques de la survie familiale. Je m'y débattais comme je pouvais, non sans chercher les occasion d'animer des veillées et de conduire des « cercles d'études » dans les maquis ou dans les groupes urbains de résistance.

Quant au troisième épisode, celui qui s'est ouvert avec la Libération, il a commencé par de nouvelles expériences de formation : formation des cadres F.F.I., sessions pour les officiers de l'armée de l'air, direction des stages de formation du personnel administratif et commercial d'Air France. A Air France, la dérive vers les tâches organisationnelles a précipité ma décision de rejoindre l'enseignement, ce qui put aboutir, non sans mal.

A douze ans d'intervalle, je me retrouvais ainsi dans un lycée parisien, en classe de philosophie, cette fois face aux élèves. Je venais d'ailleurs, je revenais de loin, j'étais là par choix délibéré. De ce détour, de ces aventures auxquelles j'avais participé, je tirais parti autant que des auteurs que je me remettais à lire pour mon enseignement qui, dès le départ, a pris la forme d'un dialogue.

Au sortir des années maudites et de la résistance, les choix politiques n'étaient pas simples à faire. Dans la mouvance du progressisme chrétien où je me trouvais alors, je n'entendais renoncer ni aux valeurs humanistes perverties par le capitalisme, ni au projet de société socialiste dont la tyrannie stalinienne était la seule incarnation. Obligé de choisir mon camp dans une situation de guerre froide, je soutenais les actions du parti communiste sans adhérer à son éthique et je concevais mon activité d'enseignant sur fond de militance.

La recherche avide d'une revanche ou d'une réparation, le contrepoint du rêve et de la réalité, le retour d'Ulysse parmi les siens, voilà les principales composantes que je discerne dans l'intensité qu'a prise pour moi cette intention d'instruire dont parle Daniel Hameline[1] et qu'il montre en butte à toutes sortes d'illusions et d'épreuves. L'intensité et aussi la tournure : non pas seulement faire, mais se regarder faire, copier et inventer des manières de faire, bref, entrer dans le procès pédagogique, venu d'ailleurs, jouant mon rôle de professeur. Jouant à être professeur et en jouissant, je

---

1. *Du savoir et des hommes,* Paris, Gauthier-Villars, 1971.

me pose alors autant de questions sur la démarche que j'accomplis que sur le contenu de mon enseignement, deux dimensions d'ailleurs inséparables. Aucun contenu d'enseignement n'est constitué, délimité et structuré, que comme contenu transmissible : il préfigure une ou plusieurs démarches possibles. Il n'y a pas non plus de démarche pédagogique sans contenu. Un contenu n'est pas nécessairement un ensemble d'énoncés à mémoriser. Ce peut être, c'est le cas de la philosophie, une démarche communicable et appréhendable. Aussi ne faut-il pas dire comme Gusdorf que Socrate, pris ici comme archétype du professeur de philosophie, n'est « professeur de rien[1] », mais qu'il pratique et enseigne une démarche questionnante, critique, autocritique. Cette démarche est indissolublement philosophique et pédagogique. S'il n'est pas rare que des enseignants investissent dans la réflexion pédagogique à partir de n'importe quelle discipline, la philosophie y incite plus que toutes les autres. Ce fut mon expérience. Je pratiquais la philosophie dans mon enseignement comme une pédagogie de l'existence. Mais je voulais pousser plus loin ma réflexion sur la pédagogie. J'ai saisi la première occasion d'occuper un poste dans une école normale.

Depuis lors, mes enseignements, mes activités de formation et mes recherches concernent, non exclusivement, mais principalement, la formation des enseignants et des éducateurs.

Les réflexions qui suivent s'ordonnent autour de deux interrogations centrales :
— *L'une sur le discours théorico-pratique de la pédagogie :*
Quel est son fondement ? D'où tire-t-il sa légitimité ou son opportunité ? D'une philosophie politique ? D'un savoir psychologique ou sociologique ? D'une praxéologie ? De la pure empirie ?

Les discours constatifs, explicatifs ou herméneutiques qu'élaborent les « sciences de l'éducation » tendent-ils à disqualifier le discours de la pédagogie ou à légitimer sa réappropriation par les praticiens ?
— *L'autre sur le sens et les voies de la formation :*
S'il n'est pas question pour les enseignants de récuser la formation instituée, peut-on penser que les dispositifs existants leur donnent réellement l'occasion et les moyens de se former ?

Quelle sorte de formation imaginer pour les enseignants à la reconquête d'un discours et d'une pratique bousculés par les changements structuraux, technologiques et culturels ?

---
1. G. Gusdorf, *Pourquoi des professeurs ?*, Paris, Payot, 1966, p. 52.

1
Le discours théorico-pratique de la pédagogie

Pour la pédagogie, il n'y avait pas d'urgence et beaucoup de propos oiseux. On l'a assez dit, la tâche de l'enseignant, de l'éducateur est une longue patience. Elle s'accomplit hors du temps, du monde et de ses luttes. Magnifiée, sacralisée, elle est en même temps regardée comme dérisoire. Ses résultats, pour autant qu'on puisse les constater, n'apparaissent qu'à longue échéance, s'apprécient selon des critères discutables et témoignent d'effets souvent paradoxaux. Comme le pensait Chateaubriand, « la vérité c'est qu'aucun système d'éducation n'est en soi préférable à un autre système. Telle chose que vous croyez mauvaise met en valeur les talents de votre enfant, telle chose que vous croyez bonne étoufferait ces mêmes talents ». Tant de facteurs politiques, idéologiques, pulsionnels entrent en jeu de manière patente ou sournoise dont le débat pédagogique s'emploie à révéler la virulence dans les systèmes, dans les discours, dans les comportements que l'acteur du drame éducatif, ne voyant plus à quel saint se vouer, pourrait se résigner à travailler dans le noir, et renoncer à savoir ce qu'il fait, ce qu'il est en son pouvoir de faire. La nature pour Chateaubriand, pour d'autres la bourgeoisie, pour d'autres la libido, quoi qu'on fasse, aurait raison de notre devenir.

A considérer le regain d'intérêt qui se manifeste pour la pédagogie depuis une vingtaine d'années, ce fatalisme n'est pas partagé par tout le monde.

Ce regain d'intérêt est à mettre en rapport avec l'extension du système éducatif, notamment en direction de l'éducation des adultes et de la formation professionnelle, mais surtout avec les impératifs de cette logique du changement qui gouverne aujourd'hui tous les discours et toutes les pratiques du jeu social. L'éducation ne pouvait y échapper. Bien plus : à la croisée du politique et du culturel, des générations en place et des générations montantes, de l'acquis du passé et des investissements pour l'avenir, l'éducation est apparue comme le point de passage obligé de tout changement, du fait même que sa fonction conservatrice des normes et reproductrice des inégalités sociales était mise à jour.

Une éducation pour le changement est alors évoquée, ce qui suppose le changement de l'éducation, le changement de l'école[1].

Ce ne sont plus seulement les pédagogues (enseignants, éducateurs, formateurs) qui s'interrogent sur les fins et les moyens de l'action éducative, ce sont les professionnels, les responsables institutionnels et parfois les politiques. En proie à la tourmente du changement, c'est le corps social dans son ensemble qui requiert formation, éducation, nouvelles pédagogies. C'est l'avènement de la « société pédagogique »[2].

On dira que le phénomène n'est pas nouveau. A toutes les époques où se sont produits de grands bouleversements socio-politiques ou technico-culturels (l'époque carolingienne, la Renaissance, la révolution de 1789), la pédagogie est entrée triomphalement en scène avec ses prophéties prospec-

---

1. Changement, évolution, nouvelles tendances, innovations sont souvent plus ou moins confondues et globalement valorisés comme victoires sur l'immobilisme, la routine, la sclérose, le vieillissement.
Il s'agit de bien plus que d'une théorie ou d'une préoccupation dominante et récurrente : un mode d'appréhension du réel plus existentiel que problématique, clivant l'hier et l'aujourd'hui, le révolu et le promotteur, l'inertie et le mouvement, le modèle et l'anti-modèle.
Dans une telle vision qui postule une marcher vers un progrès, une émancipation ou une désaliénation, quelle part attribuer à la parousie chrétienne, à l'avènement marxiste de la société sans classe, à l'utopie abondanciste ou technologiste, dont les inspirations se mêlent dans l'air du temps que nous respirons et qui colorent notre modernité ?

2. J. Beillerot indique que le total des heures annuelles consacrées en France à la pédagogie (huit cent quarante six millions) est supérieur à celui des heures de travail productif. « Après le sommeil, dit-il non sans humour, la pédagogie est la première activité de notre société. » Il ajoute : « Capitalisme ou socialisme de consommation doivent utiliser la pédagogie, forme douce et savante de persuasion et d'inculcation, notamment de la division du travail. » *la Société pédagogique : action pédagogique et contrôle social*, Paris, PUF, 1982.

tives ou utopiques. Au début du siècle, Durkheim notait que devant les transformations profondes de la société industrielle, l'opinion publique restait « indécise et anxieuse »[1] et que le problème de la pédagogie ne pouvait se poser « avec sérénité », comme en d'autres temps. Mais c'est bien selon lui à la pédagogie qu'il appartient d'être, comme l'indique le commentaire de J.C. Filloux, « non l'instituteur d'une société institutrice, mais l'agent d'une conscience sociologique qui, dans et par l'institution pédagogique, peut désormais apprendre la société à elle-même et, partant, lui donner les bases réflexives pour son propre changement[2]. »

Si la pédagogie lui paraît en mesure de jouer ce rôle, c'est qu'aux yeux de Durkheim la sociologie travaillant à déchiffrer le sens de l'évolution sociale peut guider sa démarche. Ainsi, le « récit de l'émancipation » se substitue désormais au « récit spéculatif » sur la nature humaine pour fonder la pédagogie, et plus spécialement une pédagogie pour le changement. Faut-il penser avec J.F. Lyotard, à qui nous empruntons ces notions[3], que dans la condition post moderne où nous nous trouvons aujourd'hui, ni l'un ni l'autre de ces grands récits n'a plus cours et que la légitimation du savoir ne saurait avoir d'autre critère que l'efficacité ?

Toujours est-il qu'aucun consensus ne semble à présent accessible concernant le sens de l'histoire ou les valeurs de civilisation. C'est là qu'il y a du nouveau : E. Enriquez a clairement montré que la problématique du changement à laquelle nous avons affaire est très différente de la problématique d'évolution incluant la notion optimiste de progrès[4]. Le changement, qui est « rupture, mutation non finalisée », s'impose à nous à chaque pas, dans tous les domaines, nous oblige à réagir, et, plus ou moins, à changer. Le changement est-il pour autant une valeur en lui-même, la valeur centrale ? Une pédagogie peut-elle viser comme fin dernière le développement de la capacité à assumer le changement et à changer ? La capa-

---

1. E. Durkheim, *Éducation et sociologie*, Paris, P.U.F., 1982.

2. J.-C. Filloux, *Durkheim et le socialisme*, Genève, Droz, 1977.

3. J.-F. Lyotard, *la Condition post-moderne, rapport sur le savoir,* Paris, éditions de Minuit, 1979.

4. E. Enriquez, « Problématique du changement », *Connexions*, n° 4, p. 5-45.

cité de changer est-elle une force dont l'individu dispose pour se frayer le chemin qui lui convient dans le monde social et professionnel ou bien est-elle au contraire malléabilité, docilité à la rentabilisation du « système »[1]

1. UN DISCOURS AMBIGU

Le discours pédagogique des vingt dernières années tourne autour de ces questions dont l'enjeu n'est rien moins que le destin de notre société. On pourrait dire : son salut... Comment s'y prend-il pour s'en saisir ?

Le discours pédagogique, c'est le discours normatif qui énonce et justifie les choix à faire (choix des fins, des objectifs, des moyens, des stratégies) dans l'ordre des pratiques éducationnelles. C'est le discours propre à un savoir-faire complexe, comme l'est dans son ordre le discours politique. Ce type de discours est frappé d'ambiguïté : il est à la fois l'expression et l'élucidation de l'action développée dans la pratique (même si ce discours n'était pas tenu au plan verbal, on pourrait parler d'un discours implicite de la démarche pratique au plan des conduites) et la théorie de cette pratique, théorie qui peut comporter des aspects techniques et des aspects éthico-politiques. Aussi Durkheim proposait-il d'appeler la pédagogie une « théorie pratique », en soulignant qu'à la différence de la « science de l'éducation » qui étudie le fait éducatif tel qu'il est, elle a pour fonction de « fournir à l'éducateur des idées qui le dirigent »[2].

Cette notion de théorie pratique est éclairante par son ambiguïté même. Référant au savoir et à l'action, admettant la coexistence de jugements de fait et de jugements de valeur sans définir leur mode d'articulation, elle est significative de la position pour le moins instable de la pédagogie et des imbroglios du discours pédagogique.

De ce discours on peut dire qu'il se déploie dans un espace *intermédiaire* entre la pratique et la science, que son contenu est *hybride*, sa démarche

---

[1]. Rapporteur de la commission du Colloque national d'Amiens qui était chargée de redéfinir les finalités du système éducatif, j'avais avancé la formule : « Apprendre à devenir », qui m'apparaît aujourd'hui assez simpliste.
Il est vrai que dans le contexte de 1968 (le colloque d'Amiens s'est tenu quelques semaines avant l'explosion de Mai), le rêve du changement était chargé d'images radieuses : renversement des tabous, liberté de la parole, champ ouvert aux initiatives.

[2]. J.-C. Filloux, *op. cit.*, p. 89.

indirecte, son statut épistémologique *controversé*, et que tout compte fait sa fonction est essentiellement *idéologique*.

L'espace où se déploie le discours pédagogique est intermédiaire entre la pratique et la science, comme le situait Durkheim qui voulait que la réflexion pédagogique, pour guider l'action éducative, s'appuie sur la science de l'éducation. Mais cet espace n'est pas nettement délimité : les empiètements sont fréquents, d'un côté comme de l'autre. Le mot de pédagogue désigne d'un côté l'enseignant au charbon dans son activité praticienne, sinon triviale (quand on dit pédago) de transmission du savoir. C'est sur ce versant que Claude Rabant parle du champ pédagogique comme « d'un espace constitué par l'intervention d'une fonction de savoir, en tant qu'un pédagogue la représente pour un (des) élève(s)[1] ». Reprenant cette notion qu'elle utilise pour analyser le « discours inconscient de l'école », Janine Filloux oppose à celle de « champ éducatif » affranchi des contraintes spécifiques du rapport au savoir[2].

D'un autre côté, le pédagogue est le philosophe de l'éducation, le doctrinaire dont la systématique assure le fondement théorique du processus éducatif.

Tels sont les « grands pédagogues » recensés par Jean Chateau, de Platon à Alain,[3] ceux dont les bustes jalonnent l'escalier central de l'Institut pédagogique national, et aussi les moins grands, ceux qui sous le nom de psychopédagogues enseignent la pédagogie, et tous ceux qui écrivent et qui glosent sur la pédagogie sans être (toujours) des praticiens de cette pédagogie.

Hybride est le contenu du discours pédagogique qui est à la fois discours de désir, désir sur l'enfant, l'homme, la société politique, qui annonce « un état meilleur, possible dans l'avenir », comme disait Kant[4] et un discours de rationalité qui argumente, justifie, organise, quelquefois jusqu'au plus

---

1. C. Rabant, « l'Illusion pédagogique », *l'Inconscient,* n° 8, P.U.F., 1968, p. 89-118.
2. J. Chateau, *les Grands pédagogues,* Paris, P.U.F., 1956.
3. J. Filloux, *Du contrat pédagogique,* Paris, Dunod, 1974.
4. E. Kant, *Traité de pédagogie,* 1803. Traduction fr., Paris, Alcan, 1881.

petit détail. Ce mixte de désirabilité et de cohérence est constitutif de la notion de modèle dont la littérature pédagogique fait un large usage[1].

Le modèle ici, à la différence des modèles explicatifs et herméneutiques auxquels recourent diverses sciences, a valeur exemplaire, c'est-à-dire qu'il est à la fois illustratif et prescriptif. Les modèles pédagogiques sont proposés à la réflexion et à la mise en acte sous des formes variées : modèles expérienciés (récit d'expérience, chronique d'une innovation, compte rendu d'observation, témoignage, poème pédagogique, roman, monographie plus ou moins hagiographique), modèles théorisés (credo pédagogique,

---

1. La notion de *modèle* recèle une ambiguïté quasi irréductible lorsqu'on y recourt dans le champ d'une pratique sociale telle que l'éducation.
C'est dans un sens d'exemplarité que le mot de modèle a été le plus couramment employé par les éducateurs : modèle à imiter, à reproduire, à recopier.
Tout autre est le sens qui lui est donné en mathématiques, en linguistique, en économie, en sciences sociales : il s'agit d'un mode de formalisation dont la fonction est descriptive ou explicative. C'est une construction théorique qui, en schématisant un processus, vise à rendre compte de la spécificité de son fonctionnement et de sa logique interne.
Dans *la Pratique du travail en groupe* (*190*)* je fais usage de ces deux sortes de modèles. Le modèle de travail en groupe, le modèle de formation des élèves-professeurs au stade de l'innovation sur le terrain a bien valeur normative. Si je m'en suis défendu en affirmant que je ne cherchais pas à en justifier la pertinence et à faire des adeptes de la pédagogie de groupe, j'ajoutais aussitôt que sa fonction était non exemplaire, mais « contestataire ». Il me semble aujourd'hui que c'est la même chose. Par contre, en faisant retour sur cette expérience et en construisant pour l'analyser cette typologie des modèles de formation psychopédagogique (modèle charismatique, modèle d'ajustage, modèle d'affranchissement), j'utilisais ces trois modèles à des fins d'observation, de constatation, de comparaison, d'analyse des pratiques de formation. Il en va de même pour le modèle personnel-professionnel que j'oppose au modèle scientifique-pédagogique (*21*)* et pour les trois modèles (centré sur les acquisitions, centré sur la démarche, centré sur l'analyse) dont il est question dans cet ouvrage (*infra*, chap.3)
Dans tous ces cas cependant, la référence selon laquelle les modèles sont construits et opposés les uns aux autres incline à les hiérarchiser selon une échelle de valeurs non déclarées. Par exemple, il y a progrès du modèle charismatique au modèle d'ajustage et de celui-ci au modèle d'affranchissement. Tout y concourt : les appellations, leur succession historique, le caractère englobant et synthétique du troisième modèle.
Description et analyse valent ici démonstration.
On oscille ainsi entre deux perspectives qu'il y aurait intérêt à distinguer. Ou bien on construit des modèles pour analyser et comprendre le fonctionnement des dispositifs pédagogiques. Viendra peut-être le temps des choix à faire entre plusieurs modèles en fonction d'un projet d'action ordonné à des buts, situé dans un contexte, etc. Ou bien, ayant déjà fait le choix d'un modèle, on analyse ses implications, voire ses contradictions pour conforter ce choix et valoriser ce modèle.
Or, le passage subreptice du constat au normatif est fréquent. La notion de modèle y prête particulièrement.

* Les chiffres arabes entre parenthèses et en italiques renvoient à la bibliographie thématique qui fait l'objet du chapitre 5. (N.D.E.).

traité de l'éducation, propos ou essai, pamphlet, etc.), modèles imaginaires (allégorie, utopie pédagogique), modèles institutionnels (discours officiel, préambule de réforme des études, instructions, règlement scolaire, etc.). De toute manière et en dernière analyse, l'objet du discours pédagogique, quelle que soit sa forme, quel que soit son style, est la valorisation d'un modèle implicitement ou explicitement opposé à un autre (ou à d'autres modèles)[1].

Discours de l'idéalité, le discours pédagogique est à chaque époque le discours véhément de la pédagogie « nouvelle » qui fait table rase des principes et des pratiques antérieures. Durkheim qui déplorait déjà ce « simplisme », cet « entraînement passionnel et unilatéral », le mettait sur le compte d'une méconnaissance des conditions socio-historiques de l'action éducative[2].

La démarche de la pédagogie est indirecte. Elle procède par le biais, le détour. « Comment faire aimer les mathématiques à une jeune fille qui aime l'ail ? »[3]. Comment donner accès à un savoir dont la structure et la logique sont hétérogènes, sinon réfractaires à la dynamique d'appropriation d'un apprenant, enfant, adolescent ou adulte ? C'est l'antinomie du processus enseigner-apprendre que le discours pédagogique ne cesse d'explorer, de retourner, de contourner. Au-delà de l'imposition directe qui s'exerce sans considération des dispositions du sujet, et de la manipulation qui ne les prend en considération que pour le piéger et obtenir, selon le mot de Rousseau, « une soumission plus complète », méthodes et stratégies spécifiquement pédagogiques multiplient les passerelles, les médiations, les points de rencontre.

Le statut épistémologique de la pédagogie est inlassablement controversé. En tant que discours sur une pratique ne se confondant pas avec cette pratique (laquelle peut fort bien se passer de discours), le discours pédagogique élabore et transmet un savoir qui n'est pas le savoir-faire (capacité de faire, habileté, sens pratique), mais un savoir qui prend ce faire et ce savoir-faire comme objet et spécule sur la pertinence et la cohé-

---

1. C'est ce que nous avons fait apparaître avec Christine Blouet dans l'examen critique des grilles d'observation des interactions dans la classe de Flanders et de Landsheere. Les catégories y sont implicitement ordonnées selon un bon modèle (méthodes actives) et un mauvais modèle (pédagogie impositive). Cf. C. Blouet et G. Ferry, « les Implications de l'analyse des interactions dans la classe », *Bulletin de psychologie,* n° 316, 1974-75.
2. *Ibid.,* p. 100.
3. J. Filloux, *Du contrat pédagogique, le discours inconscient de l'école,* nouvelle édit., Paris, Dunod, 1978.

rence des choix à faire, tant au niveau des fins qu'au niveau des moyens. Ce discours se veut convaincant. Peut-il échapper au subjectivisme, aux préjugés de classe, à l'ethnocentrisme, aux illusions ? Peut-il faire mieux qu'argumenter ? Peut-il apporter les preuves de ses affirmations ?

L'idée d'une pédagogie scientifique ou d'une science pédagogique qui fournirait aux praticiens des certitudes a été un cheval de bataille de l'éducation nouvelle, avec la « pédagogie scientifique » de Montessori ou avec Claparède qui voyait la science confirmer les intuitions pédagogiques de Rousseau. Mais ce sont surtout les adeptes de la « pédagogie expérimentale » (ou encore de la « didactique expérimentale », ou de la « psychopédagogie expérimentale ») pour qui la pédagogie est entrée, ou doit entrer dans l'ère (ou l'aire) scientifique. Il s'agit pour la pédagogie expérimentale de « résoudre les questions controversées ou les problèmes posés par l'action pédagogique, non par des arguments, mais par des constatations, par des preuves[1]. »

L'idée d'une pédagogie scientifique ou d'une science pédagogique est une idée naïve et confuse, voire absurde, comme le souligne Jacques Ardoino : « Il est donc parfaitement absurde de parler, comme on le fait encore fréquemment, de formation, de pédagogie ou d'éducation scientifique, comme si celles-ci, qui sont avant tout des pratiques, possédaient désormais intrinsèquement le caractère scientifique qu'on leur accorde. On pourrait seulement, à la limite, parler de pratiques s'appuyant sur des données, des conclusions ou des énoncés scientifiques[2] ».

Christine Blouet-Chapiro avait déjà dénoncé cet amalgame qui permet de laisser entendre que la pratique éducative peut prendre une valeur scientifique : « Tantôt on désigne par là la connaissance objective du fait éducatif, et cette connaissance est d'un ordre radicalement différent de la pratique éducative..., tantôt on affirme que la pratique elle-même devient scientifique lorsqu'elle se fonde sur les résultats des travaux des chercheurs[3]. » Ajoutons : Et cela par la vertu d'un discours pédagogique qui s'autorise de la science pour énoncer des règles auxquelles le praticien devra se soumettre.

---

1. G. Mialaret, « le Développement des Sciences Pédagogiques », in *Traité des Sciences Pédagogiques* de M. Debesse et G. Mialaret, I, Introduction, Paris, P.U.F., 1969.

2. J. Ardoino, *Éducation et relations,* Gauthier-Villars, Paris, UNESCO, 1980.

3. Blouet-Chapiro, *la Recherche-action en milieu scolaire,* Thèse de 3e Cycle, Paris-X-Nanterre, 1976.

Trois questions sont ainsi mélangées :
— Celle de la science (ou des sciences) de l'éducation, c'est-à-dire d'une connaissance objective du fait éducatif. On entre ici dans le débat général des sciences humaines : quel type de scientificité, quels modèles explicatifs ou herméneutiques retenir, en rapport avec la spécificité de leur objet qui est l'homme, le sujet individuel, le sujet social ?

— Celle du discours pédagogique, discours nominatif et totalisant, qui, s'il peut être *fondé* sur la connaissance objective du fait éducatif, est d'autre part tributaire d'une visée prospective et d'un choix de valeurs. Dès lors, il relève d'une problématique éthico-politique.

— Celle de la pratique éducative, c'est-à-dire du savoir-faire qui dans l'action, avec ses aléas, ses zones d'ombre, sa temporalité, exige des improvisations et des corrections en rapport avec la dynamique singulière de la situation.

A ces trois niveaux d'appréhension de l'action éducative, à ces trois problématiques, qui sont à la fois imbriquées et distinctes, correspondent trois types de rationalité : la première objectivante, la deuxième praxéologique, la troisième pragmatique ; c'est-à-dire trois sortes d'énoncés dont les critères de validation sont différents. Pour reprendre le langage de Kant, « une connaissance théorique ne saurait être prescriptive. Elle dit ce qui est. Des règles d'action ne peuvent en être déduites que si des fins ont été déterminées, et c'est la pratique qui détermine les fins non la théorie[1]. »

Toutefois ce n'est pas la pratique en tant que telle, fabricatrice et opérante, qui détermine les fins, mais la pratique réfléchie, rapportée à l'ensemble complexe sur lequel elle agit, ce que désigne plus justement le mot de *praxis*.

C'est bien dans cet esprit que Durkheim proposait la notion de « théorie pratique », et il avait clairement marqué que la réflexion pédagogique, qui est susceptible de progresser grâce au développement de la science de l'éducation, n'en devient pas pour autant « scientifique ».

Le paradoxe est que les pédagogues scientifiques, qui veulent arracher la pédagogie à l'impressionnisme et à l'idéologie, se montrent si peu rigoureux sur ce point fondamental. Quoi de plus idéologique en effet que cette invocation de la science, du scientifique, du contrôle, de la mesure, de

---

1. C'est ce que rappelle Nicole Mosconi dans une note critique concernant mon article sur l'Institut des sciences de l'éducation de l'université de Paris-X-Nanterre. (*Revue française de pédagogie,* n° 43, avril-mai-juin 1978, p. 114-120).

l'objectivité, mots cent fois répétés sur le mode incantatoire ? En voici un exemple, entre bien d'autres, sous la plume de Gaston Mialaret : « Il s'agit bien là d'une pédagogie expérimentale de caractère scientifique qui procède par voie d'expérimentation soigneusement étudiée et d'enquêtes objectivement conduites concernant les problèmes de la pédagogie et de l'enseignement susceptibles d'être exactement mesurés et contrôlés par le recours aux méthodes de la sciences et, en particulier, de la statistique[1] ».

Outre l'incantation rituelle, tous les caractères du mythe sont ici réunis : l'ascèse morale requise pour accéder à la vérité, la projection dans l'avenir de son triomphe (la science pédagogique est encore trop jeune pour être universellement reconnue), le caractère absolu de sa vérité : « La démonstration pastorienne, seule, nous révèle la vérité "vraie" » proclame Mialaret, citant Buyse, le fondateur de la pédagogie expérimentale, pour conclure le chapitre du traité cité plus haut.

Loin de dissiper la confusion, la notion de psychopédagogie contribue à l'entretenir, notamment lorsqu'elle se veut expérimentale. La psychopédagogie est constituée selon la fameuse recette du pâté d'alouette : un cheval, une alouette. Le cheval ici, c'est la psychologie. « La psychopédagogie doit beaucoup, peut-être l'essentiel, de ses concepts et de ses méthodes à la psychologie. » Et voici l'alouette : « ...Les situations pédagogiques rendent cependant nécessaires un dépassement et une relativisation des apports de la psychologie », disent J. Cambon et F. Winnikamen[2].

Le rapport entre psychologie et pédagogie y apparaît flottant. Entre une psychopédagogie qui est « l'application en milieu éducatif des connaissances psychologiques acquises en laboratoire », et une psychopédagogie qui est « l'étude des effets psychologiques d'une action de formation », les auteurs du *Manuel* ne choisissent pas. On sait seulement, Antoine Léon le répète plusieurs fois, qu'il s'agit de « constituer un corps original de connaissances proprement psychopédagogiques », et d'autre part, « d'un point de vue normatif », de faciliter les communications entre les pôles constitutifs de la situation pédagogique (élèves, enseignant, objet d'étude, support).

Le pédagogique inclus dans le concept de psychopédagogie relève de cette double visée. D'un côté, il désigne un champ d'étude : les situations,

---

1. G. Mialaret, *op. cit.*, p. 47.

2. A. Leon, J. Cambon, F. Winnikamen, *Manuel de psychopédagogie expérimentale*, Paris, P.U.F., 1977.

les pratiques qui ont trait à l'enseignement que le psychopédagogue se propose d'observer, d'expliquer ou d'interpréter à la lumière des notions, des théories et des méthodes de la psychologie, par exemple de la psychologie génétique, de la psychologie sociale ou de la psychophysiologie. D'un autre côté, le pédagogique désigne une action régulatrice et stimulatrice que le psychopédagogue s'autorise à entreprendre auprès des acteurs en situation. Le principe de cette double visée de recherche et d'action n'est pas critiquable, mais une recherche-action pose des problèmes épistémologiques et institutionnels qui sont esquivés ici à la faveur du flou de la notion de pédagogie.

Les caractéristiques du discours pédagogique que je viens de mentionner se renforcent mutuellement pour en faire *un discours typiquement idéologique*. Comme le note Daniel Hameline : « La dispersion même des points d'incidence de la science pédagogique (sagesse commune, sagesse critique, opérationnalité technicienne, fonction normative, spécification professionnelle) la fait dénoncer comme amalgame idéologique masquant sous une cohérence construite au plan du discours de l'idéal ou de la scientificité l'ambiguïté de ses ancrages sociaux objectifs[1]. »

Dans le débat pédagogique qui s'est ouvert depuis 1968, plusieurs auteurs ont dénoncé le discours pédagogique, tant dans sa version traditionnelle que dans sa version « pédagogique nouvelle » comme générateur d'illusions, porteur de contradictions, mystificateur. Tels, R. Lourau désignant l'illusion pédagogique qui consiste à méconnaître l'efficacité concrète des structures institutionnelles (hiérarchies, examens), P. Bourdieu et J.C. Passeron mettant à jour les mécanismes reproducteurs du système scolaire et les illusions qui assurent son fonctionnement (principalement l'illusion de la non-violence de l'acte pédagogique)[2], C. Baudelot et R. Establet montrant la mystification de l'école dont « la fonction proclamée d'apprentissage de la lecture et de l'écriture est, dans les faits, dominée par sa fonction sociale de division[3] », G. Snyders faisant apparaître tout au long de son œuvre les contradictions entre les valeurs prônées par l'école et

---

1. D. Hameline, « le Statut de la pédagogie », in *Encyclopedia universalis*, XII-672, Paris, 1973.

2. P. Bourdieu, J.-C. Passeron, *la Reproduction,* Paris, éditions de Minuit, 1970.

3. C. Baudelot, R. Establet, *l'École capitaliste en France,* Paris, Maspero, 1971.

ses pratiques opprimantes et rejetantes[1], ou encore B. Charlot pour qui la mystification pédagogique consiste à psychologiser les problèmes de la réussite et de l'échec scolaire pour dissimuler leur origine politique[2].

C'est une illusion apparemment d'un autre ordre que J.P. Bigeault et G. Terrier s'emploient à débusquer dans les discours pédagogiques qui, de l'école nouvelle à l'anti-éducation, en passant par le non-directivisme et l'éducation psychanalytique, leur paraissent véhiculer une théorie commune, diffuse et multiforme, faite d'idées psychanalytiques perverties[3]. On y retrouve quelquefois ce qui fait le fond et le ton du discours pédagogique et de son idéologie spécifique : une fantasmatique de l'utopie optimiste et de la toute puissance de l'éducateur, prête à basculer dans le désenchantement et l'aveu d'impuissance.

Ainsi est venu se superposer au discours pédagogique naïf un discours pédagogique critique qui, pour l'essentiel, prend le premier pour cible, mais qui se retrouve à son plan pour lui opposer un discours antithétique déduit de cette critique. Mais, ni la « pédagogie rationnelle » de Bourdieu et Passeron[4], ni la « pédagogie progressiste » de G. Snyders, ni la « pédagogie sociale » de B. Charlot, conçues comme démystificatrices et esquissées au niveau des principes, ne suffisent à constituer une pédagogie. Leur discours anti-idéologique n'est rien moins qu'idéologique. S'il n'en va pas de même de la pédagogie institutionnelle, c'est que ses divers courants, chacun à sa manière, intègrent et accomodent des notions et des éléments théoriques de la psychanalyse, de la psychosociologie des groupes, de la sociologie, etc., dans une théorie pratique élaborée à partir de l'action pédagogique et de l'intervention.

2. DE LA PÉDAGOGIE AUX SCIENCES DE L'ÉDUCATION

Faut-il alors sonner le glas de la pédagogie et plaider en faveur d'une approche résolument positive (non normative) du fait éducatif ? La notion ancienne de science de l'éducation (telle que l'utilisaient Henri Marion, Ferdinand Buisson, puis Durkheim), la notion récente de sciences de l'édu-

---

1. G. Synders, *Pédagogie progressiste,* Paris, P.U.F., 3ᵉ édit., 1975 ; *Où vont les pédagogies non-directives ?,* Paris, P.U.F., 1973.
2. B. Charlot, *la Mystification pédagogique,* Paris, Payot, 1976.
3. J.-P. Bigeault, G. Terrier, *l'Illusion psychanalytique en éducation,* Paris, P.U.F., 1978.
4. P. Bourdieu, J.-C. Passeron, *les Héritiers,* Paris, éditions de Minuit, 1964.

cation, dont la pluralité correspond à celle des sciences humaines, signifie ce passage d'une perspective à l'autre, une rupture épistémologique qui modifie fondamentalement la position des problèmes pédagogiques[1].

Et en effet, l'acte de connaissance n'a plus pour objet de répondre à la question que se pose le praticien dans sa pratique (qu'il soit enseignant, éducateur, administrateur scolaire, etc.) : « Comment faire ? », et donc d'élaborer un type de savoir qui serait un « savoir comment faire », mais un savoir sur l'action éducative telle qu'elle s'accomplit pour en saisir les finalités, les enjeux, les modalités, les conditions. Que se passe-t-il entre professeur et élèves dans une classe ? Quelle méthode utilise le maître pour l'apprentissage de la lecture ? Comment sont prises les décisions d'orientation dans le conseil de classe ? Quels sont les mécanismes du système éducatif qui jouent au détriment des enfants issus de milieux défavorisés ?

Observer, constater, analyser, comparer pour expliquer ou interpréter (trouver des lois ou dégager du sens) suppose une prise de distance par rapport aux situations ou aux comportements, la dissociation de la pratique de la recherche et de la pratique éducationnelle, l'écart établi entre la position du « chercheur » et la position du « praticien » (par exemple du psychologue et de l'enseignant), par quoi s'effectue l'objectivation et la possibilité d'une autre lecture que celle de l'acteur sur le lieu de sa pratique.

Deux questions se posent concernant ces sciences de l'éducation qui ont conquis depuis 1965 en France, depuis beaucoup plus longtemps aux U.S.A. et au Canada, un statut universitaire (filières, diplômes, corps d'enseignants spécialisés), à l'instar des sciences médicales ou des sciences politiques : la question de leur *identité épistémologique* et celle de leur *rapport aux pratiques éducationnelles*.

L'éducation ne peut être désignée comme l'objet d'une science unique. La notion recouvre un ensemble de phénomènes disparates, justiciables d'approches multiples : structures institutionnelles, comportements, méthodes didactiques, contenus culturels, etc. Autant d'objets découpables dans cet ensemble, ou de champs dont l'unité est d'ordre pratico-

---

1. Sous le titre « Mort de la pédagogie », j'écrivais en 1967 un article dans *l'Éducation Nationale* qui exprimait ma double impatience d'en finir avec le discours sentencieux et redondant de la pédagogie, pérorant sur des principes, et de faire reconnaître l'intérêt d'une approche directe et non normative des situations éducatives. « Mort de la pédagogie ou d'une pédagogie ? » me répondaient J. Ardoino, M. Lobrot et A. de Perreti dans une lettre que publiait *l'Éducation Nationale* dans son numéro du 11 mai 1967. J'en conviens aujourd'hui : mort de la pédagogie dogmatique, faussement savante.

social, et non d'ordre scientifique. De là ce pluriel, sciences de l'éducation, qui postule la contribution des diverses sciences humaines : sociologie, psychologie, histoire, économie, ethnologie... Que cette pluralité (pluridisciplinarité) soit ressentie comme une menace de morcellement explique la réitération des appels aux recherches et aux interventions interdisciplinaires, jugées susceptibles de légitimer l'entité universitaire « Sciences de l'Éducation » et la convergence des recherches sur le fait éducatif. Toutefois, si une pluridisciplinarité plus ou moins large gouverne les enseignements de sciences de l'éducation[1], si, même à ce plan des enseignements, la combinaison d'apports fournis par diverses sciences humaines est couramment pratiquée pour éclairer une problématique sous divers angles, la recherche interdisciplinaire reste exceptionnelle[2].

L'ensemble pluridisciplinaire des sciences de l'éducation n'est pas pour autant un fouillis de savoirs hétérogènes sans rapport les uns avec les autres[3]. Il se structure en fonction d'une problématique qu'on peut appeler psychosociale.

La filiation des sciences de l'éducation doit en effet être rapportée à deux sources, l'une psychomédicale, l'autre sociologique, qui au départ s'ignoraient mutuellement.

Les travaux d'Itard, Seguin, Bourneville, et surtout d'Alfred Binet sur l'arriération mentale, le développement intellectuel, les processus d'apprentissage ouvrent la voie à la psychopédagogie mentionnée plus haut, qui a prévalu pendant longtemps dans les écoles normales et les enseignements universitaires. Ainsi les départements de sciences de l'éducation ont presque tous vu le jour au sein des départements (ou U.E.R.) de psychologie.

Parallèlement, H. Marion, F. Buisson et Durkheim développaient une conception de la science de l'éducation essentiellement sociologique. Si

---
1. L'ouvrage de M. Postic (*206*) sur la relation éducative, où sont successivement présentées les contributions de la sociologie, de la psychosociologie et de la psychanalyse, est typique d'une pluridisciplinarité appliquée à un problème éducationnel.

2. L'étude conduite sur la base d'une enquête statistique par Janine Filloux, psychologue, et C. Laville, mathématicienne, sur « l'organisation de la dépendance dans le champ pédagogique » est un des rares exemples de recherche aboutissant à des résultats élaborés en commun par deux spécialistes de disciplines différentes, *l'Organisation de la dépendance dans le champ psychologique,* Dactylo, laboratoire de Sciences de l'Éducation de l'Université de Paris V — René Descartes, 1979).

3. Louis Marmoz, dans une note de synthèse sur les Sciences de l'Éducation, a montré les incertitudes de la pluridisciplinarité des sciences de l'éducation, (*Revue française de pédagogie,* n° 43, avril-mai-juin, 1978, p. 104-111).

Durkheim reconnaît que la psychologie est appelée à y contribuer, il s'emploie à minimiser cette contribution[1].

Il apparaît clairement aujourd'hui que l'éducation est un processus indissolublement social et individuel, et qu'il relève conjointement des sciences sociales et des sciences du comportement. L'opposition entre une conception psychologisante et une conception sociologisante n'est pas pour autant dépassée. Dire que la problématique des sciences de l'éducation est psychosociale, c'est dire que les questions que les sciences de l'éducation tentent d'élaborer, les recherches qu'elles entreprennent, ont toutes quelque rapport avec cette articulation problématique de l'individuel et du social, du psychologique et du sociologique. D'où la place privilégiée de la psychosociologie dans cet ensemble.

J'ai tenté d'ordonner dans le tableau ci-après les diverses catégories de recherche en sciences de l'éducation en les repérant selon deux axes : leur objet et leur mode d'approche[2].

Au centre du champ, on peut placer l'acte éducatif concret, tel qu'il s'opère dans des lieux spécifiques (lieux d'enseignement, d'éducation, de formation). Certaines études le prennent directement pour objet. Autour de ce point nodal gravitent toutes sortes de processus, de conditions et d'effets dont le rapport avec l'acte éducatif (le drame éducatif) est plus ou moins direct.

Trois catégories d'objets sont distinguées :

— Les phénomènes dont l'analogie ou une certaine parenté avec le processus éducatif est susceptible d'être éclairante pour l'étude de celui-ci.

— Les phénomènes qui sont en rapport direct avec l'acte éducatif, en amont, alentour et en aval (conditions, facteurs, contextes, effets de l'acte éducatif).

— L'acte éducatif lui-même dans le lieu et la temporalité où il s'accomplit.

Dans la première catégorie, on peut ranger les travaux qui portent sur le développement de l'enfant et de l'adolescent, sur les organisations et les institutions ainsi que les modèles théoriques et les méthodologies élaborés par les sciences humaines dans divers domaines autres que l'éducation.

Dans la deuxième figurent toutes les études réflexives ou empiriques

---

1. E. Durkheim, *op. cit.*, p. 130.
2. Une première version de ce tableau que nous avons élaboré en équipe à partir des recherches-actions dans les classes figure dans la thèse de Christine Blouet-Chapiro (*op. cit.*, p. 5).

APPROCHE OBJET	Hors situation		Sur des situations		Dans la situation	
	Réflexive	*Empirique*	*Situations construites*	*Situations réelles*	*Recherche participante*	*Recherche-action*
Phénomènes psychologiques, sociaux, économiques, etc. se rapportant plus ou moins directement à l'éducation	Modèles explicatifs ou interprétatifs des sciences humaines	Psychologie génétique Psychologie de l'apprentissage Psycho-sociologie des organisations, des groupes, etc.	Expérimentation sur la mémorisation, la créativité, des groupes, etc.	Observations de comportements		Psychothérapie Intervention (psychosociologique, socio-analytique) dans les organisations
Fonctions, conditions, effets de l'action éducative	Ouvrages théoriques, historiques, prospectifs sur l'éducation	Études sur les institutions éducatives et éducation comparée Évaluation des résultats	Tests de contrôle Analyse de discours d'enseignants dans des groupes de formation	Analyse institutionnelle (de réunions de synthèse, de conseils de classe, d'assemblées générales, etc.)	Occupation d'un emploi dans l'institution choisi comme poste d'éducation	Recherche-innovation dans une équipe éducative
L'acte éducatif	Utopies pédagogiques Romans, récits, pièces de théâtre films mettant en scène l'acte éducatif	Investigation des attitudes éducatives, de la relation éducative, etc. par entretiens ou questionnaires	Simulations Micro-enseignement Classes expérimentales	Observations de situations éducatives (analyse interactionnelle, analyse de groupe, etc.) Enseignements magnétophoniques ou vidéo de situations éducatives	Coopération à l'action éducative à des fins d'observation	Recherche-intervention dans une classe ou un établissement

qui portent sur les multiples aspects des institutions et des situations éducatives.

La troisième catégorie inclut toute évocation, observation ou analyse sur le vif du drame éducatif, par exemple le déroulement d'une leçon dans une classe ou d'une séance de groupe de formation.

Le deuxième point est le rapport qui peut s'établir dans cette perspective où les savoirs sur l'éducation se constituent à distance de tout discours pédagogique entre ces savoirs et les pratiques éducationnelles. Grossièrement on peut dire que ces pratiques sont d'une part, le champ d'investigation, d'autre part, le champ de leurs éventuelles utilisations. Mais les cas de figure sont nombreux.

Remarquons d'abord que la distance ne cesse de s'agrandir entre savoir et action, recherche et pratique au fur et à mesure du développement des sciences humaines qui se traduit par une croissante diversification des recherches, la sophistication des instruments d'analyse, la spécification des langages. A l'inverse, les pratiques, en devenant plus complexes, totalisent et articulent des fonctions plus nombreuses : l'enseignant, par exemple, enseigne, anime, organise, contrôle, oriente, sélectionne. Cette distance entre le savoir et l'action est d'ailleurs variable selon le type de savoir considéré. Pour reprendre la catégorisation énoncée plus haut, une étude concernant les effets du fonctionnement bureaucratique d'une organisation sur les relations hiérarchiques, une étude sur l'échec scolaire des enfants de migrants et une étude sur le développement d'une innovation en cours ne comportent ni les mêmes procédures, ni le même genre de coopération entre chercheurs et praticiens, ni la même sorte de « résultats ». C'est dire qu'on ne saurait figurer ces rapports savoir-action (ou recherche-pratique) selon un schéma passe-partout et qu'il n'y a pas un statut du savoir « scientifique » sur l'éducation qui serait valable dans tous les cas.

On pourrait du moins penser que la confusion du discours pédagogique qui parle en même temps le langage de la science et le langage de l'action est définitivement dépassée par l'effet de cette distinction tranchée (pour ne pas dire de cette opposition) entre les sciences de l'éducation et les activités éducationnelles, symbolisée par des lieux spécifiques (université, C.N.R.S., laboratoire d'un côté, de l'autre classes, établissements, services) et incarnée dans des personnages dont la « quiddité », comme dit drôlement

---

1. J.-C. Filloux, « le Processus enseigner-apprendre et la recherche en éducation », *Orientations*, n° 37, 1971, p. 5-23.

J.C. Filloux[1], n'est pas la même, l'un étant animé par le désir de connaître, de maîtriser l'objet, l'autre par le désir d'éduquer, de maîtriser des sujets.

Cette répartition des tâches, qui satisfait à l'exigence de rationalité, se trouverait tout naturellement renforcée par la division du travail social et la hiérarchie des pouvoirs auxquelles elle correspond : aux uns le privilège du savoir, le pouvoir d'orienter, de décider, de contrôler, aux autres les tâches d'exécution, le savoir-faire, la technique. A entendre certains brandir « l'administration de la preuve » comme la foudre de Zeus avec une sorte de frénésie[1], tout en reprenant les couplets rituels sur l'étendue de l'ignorance du savant, sa nécessaire humilité et en célébrant les mérites des praticiens, on s'aperçoit bien que cette sorte de pouvoir (réel ou imaginaire) procure une certaine jouissance.

Malheureusement (ou fort heureusement), le tableau n'est pas si simple. L'activité savante, que l'on appelle la recherche, est aussi une pratique qui, comme telle, implique des choix à faire — choix de terrains, de stratégies, d'instruments, de techniques pour recueillir et traiter des données — une déontologie, etc. Symétriquement, l'activité praticienne ne va pas sans un savoir, au moins empirique, qui est plus que le savoir-faire, qui est un savoir sur ce savoir-faire, savoir implicite ou explicité dans le discours pédagogique.

Le rapport entre le savoir des sciences de l'éducation et l'action éducative est ainsi un double rapport : entre deux sortes de pratiques et entre deux sortes de savoir. En y prenant garde, on peut, sinon percer le mystère de l'articulation d'un savoir et d'une pratique, au moins le circonscrire un peu plus exactement.

L'articulation joue à double sens et de manière différente selon qu'on envisage le moment de la recherche ou celui de l'« application ».

Le moment de la recherche est celui de l'ajustement entre deux pratiques dont les visées sont divergentes en un lieu donné et pour un temps donné. L'activité de recherche se branche sur l'activité des praticiens, en dérivation[2]. Ces actions, ces situations, ces institutions, ces comportements, que l'activité de recherche investit, sont de ce fait soumis à une

---

1. J'en veux pour « preuve », cette expression douze fois répétée dans une intervention (retranscrite sur une page et demi) d'un participant du débat préparatoire au colloque « Chercheurs et praticiens en éducation » de l'université de Paris-VIII-Vincennes (janvier 1980, le débat préparatoire a eu lieu en juin 1979).

2. Même dans une démarche de recherche-action où la coopération du chercheur et du praticien est requise au départ et progressivement intensifiée, les rôles spécifiques de l'un et de l'autre, leurs objectifs, la logique propre de leurs pratiques respectives demeurent différenciés, ce qui implique le maintien d'une certaine distance.

transformation plus ou moins dénaturante, plus ou moins désinsérante pour les prêter à l'observation, à l'analyse, à la théorisation. Leurs lieux d'exercice deviennent « terrains de recherche », balisables et arpentables, leur déroulement temporel se structure en phases ou en séquences.

Sur ce fond, l'objet de la recherche est découpé, un « matériel » est constitué (corpus, échantillon, protocoles), les acteurs (ou disons plutôt, Jean, le professeur d'anglais, Antoine, élève de sixième) sont transmués en « sujets », enquêtés, interviewés. A l'extrême, l'expérimentation « sur le terrain » reconstruit la situation en fonction d'un nombre réduit de variables maîtrisables (mais des « variables parasites » ne laissent pas d'être agissantes autour et à l'entour). A l'autre extrême, l'appréhension clinique tend à se maintenir au niveau de la situation globale et à coller à sa dynamique (mais elle n'en est pas moins à quelque degré réductrice et distordante par le privilège accordé à certains processus, le mode de relation établi entre chercheurs et praticiens, etc.).

Toute recherche empirique engage une négociation permanente entre deux systèmes d'exigences et de contraintes à la limite incompatibles, négociation qui ne parvient que partiellement à éviter les frustrations, les méfiances, les conflits... à tout le moins, les malentendus, notamment ce malentendu central toujours rebondissant qui concerne les visées respectives du chercheur et du praticien : pour le chercheur, visée de production de savoirs signifiants, exportables, publiables, pour le praticien, visée d'utilisation de ces savoirs à des fins plus ou moins immédiates de régulation ou d'optimisation de sa pratique.

Le moment de l'« application » est encore moins exempt d'opacités et de décalages. La notion même d'application est peu claire. On parle légitimement de sciences appliquées, en rapport avec des sciences fondamentales dont elles sélectionnent et accommodent les savoirs à l'usage de techniques et de pratiques relatives à un champ d'activité. En ce sens, les sciences de l'éducation sont par définition des sciences appliquées. Mais, que doit-on entendre par « application de la théorie à la pratique », « trouver des applications pratiques », l'« application » de savoirs, de lois, de résultats de recherche à des pratiques ?

Des concepts, des modèles explicatifs ou interprétatifs sont applicables à l'*étude* de tel ou tel type de situation. Ainsi peut-on appliquer les notions de la psychosociologie des groupes à l'étude du groupe-classe, ou appliquer la

---

1. A. Beaudot, *Sociologie de l'école, pour une analyse de l'établissement scolaire*, Paris, Dunod, 1981.

théorie des systèmes à l'étude de l'établissement scolaire[1]. Ce ne sont pas des applications à la conduite de la classe ni à la gestion de l'établissement. Si des instruments d'analyse sont ainsi mis à la disposition de l'enseignant et du chef d'établissement, grâce à quoi il repèreront mieux les conditions ou les effets de leur action, ce ne sont pas des schémas d'action. Il est vrai que de tels schémas se proposent : modèles d'animation, méthodes d'enseignement, grilles d'évaluation directement applicables, qui s'autorisent de réussites totales ou partielles dans un contexte donné. Il ne s'agit pas alors de l'application de notions scientifiques à la pratique, mais de la reproduction plus ou moins fidèle, plus ou moins adaptée au nouveau contexte de pratiques éprouvées. Le risque est de plaquer une manière de faire sur une situation que l'on ne prend plus le moyen d'analyser.

Dans la recherche-action, les deux moments de la recherche et de l'« application » s'enchaînent directement. Disons plutôt qu'il n'y a pas application, mais complémentarité dans un échange réciproque d'informations, les deux visées de production d'un savoir et d'optimisation d'une action étant plus ou moins étroitement imbriquées. Qu'il s'agisse d'une recherche-action de type praxéologique qui mobilise l'analyse récurrente des situations et des comportements pour la mise au point et le contrôle d'une démarche novatrice, ou d'une recherche-action dont la visée de connaissance est à plus longue portée, les positions respectives des acteurs et des chercheurs-intervenants, la spécificité de leurs rôles et les péripéties de leurs interactions font l'objet d'une clarification réitérée à chaque pas : feed-back, analyse des transferts et contre-transferts, prise en compte de tous les éléments situationnels, déchiffrement des significations qui surgissent à chaque étape.

Cet espace ouvert par la recherche-action, où se confrontent et se dialectisent interprétations et projets, analyses et stratégies, science et action, dans la distanciation et la proximité, pourrait bien figurer le lieu d'un discours pédagogique vivant, assumant ses contradictions et sa fonction transitionnelle.

3. UNE RECONQUÊTE

La pédagogie n'est pas morte si, au lieu de se faire l'exécutrice de soi-disant vérités « scientifiques », elle développe le discours critique, interrogateur, exploratif, dont l'action éducative a besoin pour se reprendre. S. Bernfeld notait déjà en 1925 que la fonction de la pédagogie procédait des manques dont on ne cesse de lui faire reproche : « Telle qu'elle est constituée et telle qu'elle est actuellement, disait-il, la pédagogie a une fonction bien précise, liée précisément aux caractères que nous lui reprochons ; en dépit de tares que nous pensons trouver chez elle, elle est capable de remplir cette fonction. Telle qu'elle est donc, la pédagogie procède d'un certain nombre de conditions psychologiques et sociales qui, à notre époque, celle de la pédagogie non scientifique, sont données ; elle est un instrument de certaines tendances sociales et psychiques de notre société et des hommes qui vivent en son sein. Du fait même de ses lacunes, elle est un instrument utile[1]. »

Depuis toujours, sous des formes diverses, le débat pédagogique est entre l'instrumentalisme et la dramatique. D'un côté, le soin à mettre en place des dispositifs, à calibrer des progressions, à perfectionner des méthodes et des techniques, à contrôler des résultats, bref à rationaliser l'acte éducatif, spécialement l'acte d'enseignement, en vue d'une plus grande efficacité ; de l'autre, le souci d'appréhender les situations singulières, leurs multiples dimensions et développements avec la sensibilité et la rigueur qu'exigent la présence, l'attention, l'ouverture à l'imprévu, la régulation des démarches, la conscience des enjeux, en somme le sens du drame éducatif.

Cette dernière perspective s'est largement ouverte autour des années soixante avec l'irruption des travaux et réflexions sur la relation éducative et sur l'institution. L'idée que l'action éducative, et en particulier le métier d'enseignant, est une pratique relationnelle et institutionnelle, est alors une idée neuve, à la fois excitante et inquiétante. C'est pourtant une évidence : la transmission du savoir, l'éducation des gestes, de l'intelligence, de l'être social, se fait dans et par la relation établie entre l'éducateur et l'éduqué, le maître et l'élève dans le jeu institutionnel qui fonde leurs rapports. Mais c'est une évidence éclipsée par toutes sortes de mythes, de normes, de rites. Si elle en est venue à s'imposer, c'est sous l'effet des mutations profondes. Les pratiques éducatives se sont multipliées et diversifiées. A côté de l'école ont surgi des institutions de rééducation, d'éducation spécialisée, d'éducation permanente, etc. qui de toute façon ne pouvaient limiter l'action éducative à une technique de transmission de connaissances ou de valeurs.

Dans ces secteurs, comme dans les secteurs voisins et partiellement imbriqués de l'animation, du conseil ou de la thérapie, les relations qui se

---

1. S. Bernfeld, *Sisyphe ou les limites de l'éducation,* 1925, trad. fr. Paris, Payot, 1975.

développent entre adultes et enfants, entre enfants et entre adultes, constituent le ressort même de l'action éducative, qui est à la fois éducation par la relation et éducation à la relation. Et dans la relation se découvrent, actualisées, les déterminations socioculturelles et politiques de la praxis éducative.

Parallèlement, l'instrumentalisme n'a cessé de gagner du terrain. La généralisation des nouvelles technologies (vidéo, enseignement assisté par ordinateur), les exigences d'un contrôle des acquisitions de plus en plus précis conduisent au découpage, au calibrage et à la standardisation de l'acte d'enseignement.

L'enseignant débordé par ce contexte, tiraillé entre ces deux courants, et sommé de se faire une nouvelle représentation de son rôle dans la classe, dans l'établissement et dans son environnement social, est en quête de certitudes et d'« autorisation ». Un discours pédagogique s'emploie alors à magnifier des référents, pères fondateurs, maîtres à penser, ou principes sacrés : Rousseau, Steiner, Piaget, Marx, Rogers, la Preuve, l'Audiovisuel, les Objectifs, la Non-directivité, pour n'en citer que quelques-uns, exalté chacun comme garant d'une délivrance et devenant vite l'alibi d'une démission. On ne se reconnaît plus le droit d'inventer, de tâtonner, d'essayer, de s'avancer et de rebrousser chemin.

Un autre discours pédagogique est celui qui prend en compte les multiples implications de la situation vécue, qui se donne pour objet de réflexion la dramatique même de cette situation et non plus ses composantes et ses à-côtés.

Regarder la pratique d'enseignement comme un travail essentiellement relationnel, c'est à la fois l'investir personnellement, la vivre actuellement et assumer la dynamique des interactions avec ses modalités de réciprocité, de domination, de dépendance, de conflit. Jeu passionnant ou plutôt engagement passionné où l'on cesse de jouer, où la pédagogie se moque de toute pédagogie, assume des risques, conjure la peur de ne pas arriver à maîtriser des forces qui sont de toute manière agissantes, mais que l'on ne se donne plus la facilité d'ignorer.

2
L'assignation à se former

Être assigné à « suivre une formation », cela se justifie. Mais suivre une formation ne peut être, dans le meilleur des cas, qu'une occasion de *se* former. Car s'il est vrai que personne ne se forme par ses propres moyens (il y faut des médiations), personne n'est jamais formé par un dispositif, ni par une institution, ni par quelqu'un.

Se former ne peut être qu'un travail sur soi-même, librement imaginé, voulu et poursuivi grâce à des moyens qui s'offrent ou que l'on se procure.

Être assigné à se former, c'est presque une injonction paradoxale. C'est en tout cas, pour les enseignants comme pour beaucoup d'autres travailleurs sociaux, une sorte de contradiction qui tient de l'inextricable enchevêtrement de la personne et du rôle social.

L'exercice de la profession enseignante depuis très longtemps a été subordonné à l'acquisition de connaissances et à l'accomplissement de stages. Intégrer le savoir à transmettre et s'initier sous contrôle à la pratique de la classe, c'était sans conteste le double objet de cette formation : formation requise, formation « donnée » et « suivie », formation sanctionnée, attestée par la possession du diplôme, C.A.P., C.A.P.E.S. ou agrégation.

Mais l'assignation à se former prend aujourd'hui un autre caractère.

A bien des égards, la formation des enseignants relève de la problématique générale de la formation, de cette problématique qui s'est développée à partir des expériences des mouvements de jeunesse, de l'éducation populaire et de la formation professionnelle, problématique de formation d'adultes appelés à des tâches de commandement, d'organisation, d'animation, d'aide sociale ou de formation, dans toutes les branches de l'activité professionnelle ou de loisir. Cette problématique s'est construite en dehors du monde de l'enseignement, en rivalité avec lui, ce qui signifie souvent contre lui.

Certes, des interactions se sont produites entre les deux systèmes, mais dans des lieux circonscrits. La formation permanente a fait appel ponctuellement à des enseignants pour assurer des conférences et des cours dans leur spécialité. Des enseignants transfuges de l'Éducation nationale se sont convertis à l'éducation des adultes, à la formation professionnelle.

En sens inverse, les pratiques pédagogiques et institutionnelles de la formation permanente ont quelquefois été recherchées comme source de renouvellement de la formation des enseignants, soit par la participation à des stages extérieurs à l'Éducation nationale, soit par l'introduction de ces pratiques dans les écoles normales ou d'autres centres de formation de l'Éducation nationale.

L'osmose pourtant ne s'est pas faite, et, jusqu'à nouvel ordre, rien n'est modifié quant à l'approche de la formation des enseignants qui reste classique dans son esprit et ses formulations, à en juger par les textes officiels les plus récents, par exemple, celui qui réorganise la formation initiale des instituteurs : primauté à la formation initiale sur la formation continue, structuration en années d'études et « unités de formation », importance des contrôles, etc.

1. L'AVÈNEMENT DE LA FORMATION

Il est cependant clair qu'au-delà des impératifs qui intéressent directement l'institution scolaire, ses cursus, ses diplômes, ses maîtres, et à travers eux, la question de la formation des enseignants s'inscrit dans un contexte historique et culturel qui la surdétermine. La *formation* y figure comme l'un des grands mythes de notre demi-siècle, à l'égal de l'ordinateur et de la conquête de l'espace. Si le propre du mythe est, comme le montre Roland Barthes, de « transformer l'histoire en nature » de telle sorte que « les choses ont l'air de se signifier toutes seules[1] », c'est bien cette altération qui affecte l'idée de formation telle qu'elle s'est banalisée et propagée depuis une quinzaine d'années. La formation qui implique un travail de l'homme

---

1. R. Barthes, *Mythologies*, Paris, Seuil, 1957.

sur lui-même, sur ses représentations et ses conduites, en vient à s'évoquer comme l'avènement inéluctable d'un ordre de choses[1]. Non plus comme une action dont il convient d'approprier et de s'approprier les objectifs, les modalités et les moyens en fonction d'intentions et de désirs, mais comme une loi naturelle qu'il faut subir, une obligation ritualisée à laquelle il faut satisfaire pour être reconnu professionnellement et socialement. Car loin de se limiter au professionnel, la formation envahit tous les domaines : on se forme à la participation associative, à la responsabilité syndicale et politique, on se forme aux multiples activités de loisirs, on se forme comme consommateur, comme locataire, comme parent, comme partenaire sexuel. On se forme à tous les niveaux de technicité et de responsabilité, et si possible en permanence, de la prime enfance à l'extrême vieillesse. C'est l'école à perpétuité, selon l'expression d'Heinrich Dauber et Etienne Verne (*88*).

Ainsi s'est progressivement imposée comme une évidence l'idée d'une formation qui a réponse à toutes les interrogations, à tous les désarrois, à toutes les angoisses des individus et des groupes déboussolés et bousculés par un monde en constante mutation et, de plus, déstabilisés par la crise économique. De la formation on attend pêle-mêle la maîtrise des actions et des situations nouvelles, le changement social et personnel que l'on n'espère plus d'une transformation des structures, le remède au chômage, la démocratisation de la culture, la communication et la coopération entre les hommes, bref la naissance à « la vraie vie ». René Kaës (*98*) a longuement exploré cette fantasmatique de la formation, présente dans toute action éducative, agissante dans le désir de tout enseignant, éducateur ou formateur, qui prend une dimension singulière dans notre « société pédagogique », notamment avec le développement de l'éducation permanente.

Il semble évident que les enseignants qui sont des professionnels de la formation, du moins de cette formation commune et initiale qui commande toutes les autres, sont plus que quiconque concernés par cet ordre des choses. Pourtant, en dépit d'un système de formation bien rôdé, avec ses écoles normales et ses diplômes universitaires, ou justement à cause de ce système trop fermé sur lui-même, les enseignants ont relativement peu participé à la grande célébration formative.

---

1. Dans une thèse de 3e cycle, intitulée *l'Institution mythique de la formation,* Amar Drissi a amplement analysé la parole mythique sur la formation telle qu'il a pu la saisir dans une école normale marocaine.

* Les chiffres arabes en italiques et entre parenthèses renvoient à la bibliographie thématique en fin d'ouvrage (N.D.E.).

Sans doute la question de la formation des enseignants n'a-t-elle pas cessé d'être à l'ordre du jour des gouvernements qui se sont succédés depuis la Libération. Les déclarations d'intention n'ont pas manqué, ni les commissions d'étude, ni les projets, ni même les réalisations, dont certaines d'une grande ampleur.

Rappelons brièvement les principales dates concernant la formation des enseignants depuis la Libération :

— Plan Langevin-Wallon (1947) qui préconisait un tronc commun de formation universitaire pour les instituteurs et les professeurs.
— Création des C.P.R. (Centres pédagogiques régionaux) en 1952, assurant la formation pédagogique des élèves-professeurs reçus aux épreuves théoriques du C.A.P.E.S. Ultérieurement les nouveaux agrégés y seront intégrés.
— Création des I.P.E.S. en 1957 (Institut de préparation à l'enseignement secondaire), assurant un pré-recrutement d'élèves-professeurs. Les I.P.E.S. assurent un soutien aux élèves-professeurs pour la préparation de leurs diplômes universitaires, mais aucune formation pédagogique.
— Création des Centres de formation des P.E.G.C. (1962).
— Formation des maîtres du cycle « pratique » (1966) dont les formateurs ont été formés à l'I.N.F.A. (Institut national de formation des adultes). Première expérience d'une formation en cours d'emploi, du type recyclage, prenant appui sur la pratique pédagogique des stagiaires.
— Colloque national d'Amiens « Pour une école nouvelle » : formation des maîtres et recherche en éducation » (1968).
— Création en 1969 des I.R.E.M. (Instituts de recherche sur l'enseignement des mathématiques), qui associe des enseignants du supérieur et du second degré pour contribuer à la formation continue des professeurs de mathématiques, formation articulée à une recherche didactique et à la production de documents et d'outils pour l'enseignement des mathématiques.
— Projet de création de C.F.P.M. (Centres de formation professionnelle des maîtres) (1971).
— Travaux de la Commission Joxe sur « La fonction enseignante dans le second degré » (1972).
— Rapport de la Commission Paulian qui prévoit une harmonisation des formations des enseignants du premier et du second degré (1972).
— « Déclaration d'orientation de la formation permanente des maîtres du premier degré » (1972), suivie de textes octroyant aux instituteurs un crédit de formation équivalent à une année scolaire à répartir sur l'ensemble de la carrière.
— Ouverture des C.P.R. aux nouveaux agrégés. (1974).
— Réforme de la formation initiale des instituteurs qui entre en vigueur en 1980-81 : la formation en école normale est portée de deux à trois années et comporte des enseignements distribués en « unités de formation » sanctionnées par un D.E.U.G. dont certaines sont assurées par des enseignants d'Université.

Mais les réformes qui ont été réalisés de loin en loin l'on été dans le cadre des structures existantes, portant tantôt sur la formation initiale, tantôt sur la formation continue, concernant tantôt une catégorie d'enseignants, tantôt une autre, dans une perspective essentiellement administrative où les préoccupations relatives au recrutement ou au déroulement des carrières l'emportaient sur les préoccupations pédagogiques. Ces mesures prises dans le désordre pour parer à des urgences ou sous des pressions corporatives ont renforcé les cloisonnements et les privilèges au lieu de les réduire. La désuétude et l'incohérence du système de formation des enseignants sont devenues criantes[1].

A un certain niveau de généralité, la problématique de la formation des enseignants est la même quels que soient les contextes nationaux et les conceptions en présence. Elle se résume en cinq ou six thèmes dont l'émergence traduit les insuffisances des systèmes de formation face aux transformations qui affectent le rôle de l'enseignant et sa fonction sociale[2] : nécessité d'une redéfinition des objectifs de la formation, nécessité d'articuler formation initiale et formation continue, d'équilibrer formation scientifique et formation professionnelle (ce qui pose le problème de la part des Universités dans la formation), élargissement de la formation pédagogique à une formation professionnelle comportant des aspects relationnels, coopératifs et institutionnels, initiation aux nouvelles technologies et méthodologies (notamment celles d'évaluation), resserrement des liens entre la théorie et la pratique (en particulier par un système d'alternance).

Tous ces points sont communément reconnus comme des points-clefs. Les divergences apparaissent au niveau des solutions institutionnelles ou pédagogiques à envisager. Alors les origines sociales et culturelles, les attachements corporatifs, les idéologies, les degrés d'information, l'empreinte des formations « reçues » partagent les choix. On pourrait dans la conjoncture dresser la carte des positions en présence. On y verrait par exemple les propositions des syndicats du premier degré s'opposer à celles des syndicats du second degré, les professeurs d'éducation physique aux antipodes

---

1. Dans sa lettre du 21 août 1981 adressée à André de Peretti pour le charger d'une mission sur la formation des personnels de l'Éducation nationale, le ministre Alain Savary constate cette carence : « Il me semble que l'importance des besoins de formation, tant initiale que continue, due notamment aux exigences de la pédagogie, aux transformations du système éducatif et à l'évolution générale de la société, ne se traduit pas actuellement par une politique d'ensemble qui lui soit adaptée. »

2. Voir à ce sujet la synthèse de Marcel Postic établie sur la base des documents de l'UNESCO et de l'O.C.D.E., dans *l'Histoire mondiale de l'éducation* de Gaston Mialaret et Jean Vial, Paris, PUF, 1981, tome 4.

de la Société des agrégés, le clivage entre novateurs et résistants, audiovisualistes et tenants de l'écriture, entre ceux qui préconisent l'usage d'outils méthodologiques et ceux qui parlent de groupes d'échange d'expériences. Ces clivages d'ailleurs ne se recouperaient pas. Ils figureraient par leur superposition un jeu de forces singulièrement embrouillé. Toutes sortes de discours, toutes sortes de références s'entremêlent ici.

Je n'entreprends pas de dresser cette carte. Je veux seulement examiner le fonctionnement pédagogique de certains dispositifs de formation qui se proposent actuellement.

Quand une volonté politique s'affirme pour redéfinir les objectifs du système éducatif et la fonction de l'école dans une société évoluant vers plus de justice, la formation des enseignants apparaît comme une pierre d'achoppement. Cela ne veut pas dire que tout soit possible à partir de la formation des enseignants. Maurice Debesse a judicieusement dénoncé l'illusion de « la toute-puissance de la formation des enseignants, image nouvelle de la toute-puissance de l'éducation (9). » Mais, comme je le remarquais plus haut, la formation des enseignants est le lieu de la plus forte concentration idéologique. Les choix qui peuvent être faits dans ce domaine ont des conséquences profondes et à long terme sur l'orientation et le fonctionnement de tout le système éducatif. Ces choix ne sont que secondairement des choix techniques ou organisationnels. Ils sont avant tout politiques, au double sens d'une politique de l'éducation, qui consiste à promouvoir un ensemble de mesures ordonnées à des buts proprement éducatifs, et d'une politique générale qui vise à faire advenir un certain type de société dans un rapport de forces donné.

Quels qu'ils soient, même lorsqu'il se proposent sous le manteau de la science ou de la technologie, les dispositifs de formation (d'enseignants) sont porteurs d'idéologie. Ils ne sont pas, comme la langue d'Esope, à toutes fins utiles. Il y a lieu d'en scruter les implications et de repérer les thèmes et les approches qu'ils privilégient, de faire apparaître le sens qu'ils tendent à imprimer à l'action éducative. J'y viendrai.

Je remarque d'abord que les types de discours actuellement tenus sur la formation par les diverses parties prenantes : décideurs politiques, chefs des services de personnel, gestionnaires, enseignants, animateurs culturels, formateurs, cadres, syndicalistes, membres d'associations sont à ce point disparates qu'on ne sait plus ce que formation veut dire. Non seulement les connotations sont variées selon les domaines d'activité et les positions occupées dans le champ de la formation, mais la dénotation même du terme est flottante.

On peut regarder la formation comme une fonction sociale de transmission de savoirs, de savoir-faire et de savoir-être, comme on dit, qui s'exerce au bénéfice du système socio-économique, ou plus généralement de la culture dominante. On s'interrogera alors sur les objectifs d'intégration, d'adaptation des individus à de nouvelles conditions de travail ou de vie, à de nouvelles technologies, à de nouvelles organisations. On comptera sur la formation pour promouvoir d'autres changements. On supputera les investissements à consentir au niveau des entreprises et au niveau de l'État. Dans cette perspective, la formation est un enjeu de pouvoir à la mesure des assujettissements et des automatisations qu'elle suscite.

Selon une autre optique, on peut regarder la formation comme un processus de développement et de structuration de la personne qui s'accomplit sous le double effet d'une maturation interne et d'occasions d'apprentissages, de rencontres, d'expériences. La question est alors : comment se former si l'on se trouve en situation d'être formé ? Entre l'acquiescement aux pressions de conformité et le volontarisme de l'autoformation, quelles sont les voies possibles ? Si l'on parle ici d'investissement, c'est d'investissement psychologique qu'il s'agit, de cette économie des désirs et de la loi que suppose toute démarche personnelle.

Mais la formation peut aussi se voir comme une institution. Une institution, c'est un dispositif organisationnel qui, par exemple, est fait de programmes, de cursus, de certifications, de bâtiments. C'est bien en ces termes que s'évoque la formation depuis toujours dans la sphère de l'enseignement : Bac + 1, Bac + 2, etc. Un autre dispositif est apparu avec l'irruption de la formation permanente : le marché de la formation, où la formation se vend et s'achète, en journées de stages, en plans de formation, en packages, en vidéocassettes, en terminaux d'ordinateurs.

Une institution c'est aussi le lieu d'une pratique, avec ses normes, ses modèles, sa technicité propre, son langage facilement jargoneux (les demandes, les objectifs, les stratégies, l'évaluation, le contrôle...) et ses praticiens, les formateurs. Des formateurs qui développent une action dans cet espace transitionnel et transactionnel entre les ensembles sociaux et les individus, et qui se perçoivent tantôt comme agents de changement social, tantôt comme éveilleurs de désirs et de projets personnels.

Dans une critique pénétrante des discours sur la formation émis par les formateurs, par les psychologues et par les sociologues (dont la trilogie correspond à peu près à ces trois optiques), Eugène Enriquez montre de quelles illusions sont tributaires ces discours : celui des formateurs qui escompte des effets bénéfiques de toute formation visant « à renforcer le moi conscient et volontaire de l'individu, à l'armer solidement pour qu'il soit en mesure de se comporter de façon adulte... », celui des psychologues centré sur la rencontre inter-individuelle dans un lieu clos dont les illuminations ont peu de chances de mettre un processus en mouvement « vers de nouveaux comportements et l'irruption de l'imaginaire moteur ». Quant au discours des sociologues, monolithique et désarmant, réduisant l'action éducative à la reproduction de l'idéologie dominante, il stérilise « la capacité inventive des formés, la prise de conscience de leur détermination et de leur volonté de faire *(189)*. »

La notion de formation s'est ainsi chargée de tant d'équivoques et elle apparaît à ce point pervertie par l'utilisation qui en est faite depuis l'extension de la formation permanente, devenant une vaste entreprise distributrice de savoirs étiquetés et de petites sécurités qu'Enriquez propose « d'abandonner définitivement le terme de formation ». Cette incitation à radicaliser la réflexion critique sur la formation ne peut évidemment faire disparaître ni le mythe de la formation, ni les institutions de formation, ni le processus formatif, qui font partie de notre univers économique, social et culturel. Mais elle oblige à réinvestir dans la formation ce que toute mise en acte tend à lui retirer : l'effervescence de l'imaginaire, l'ouverture à l'inattendu, l'acquiescement à l'aventure.

Ainsi va la formation. Les contradictions que provoque ou que dévoile son avènement, les discours optimistes ou pessimistes qu'il suscite concernent la formation des enseignants, tout autant que n'importe quelle autre formation professionnelle et portent à en renouveler la problématique.

2. SPÉCIFICITÉ DE LA FORMATION DES ENSEIGNANTS

Il me faut d'abord dire en quel sens je choisis d'employer ici le mot de formation : *la formation est un processus de développement individuel tendant à acquérir ou à perfectionner des capacités*. Des capacités de sentir, d'agir, d'imaginer, de comprendre, d'apprendre, d'utiliser son corps... Cette définition situe la formation du côté de la dynamique psychologique, voire psychophysiologique. Elle inclut aussi bien la période pubertaire de « la formation » que les « années d'apprentissage », dont les romans de la formation (à commencer par le *Discours de la Méthode*) célèbrent les expériences, les situations, les quêtes et les rencontres. C'est tantôt l'initiation, tantôt la découverte, tantôt l'épreuve, c'est tour à tour le dépaysement et le retour aux sources. Si toutes ces vicissitudes en viennent à se constituer en itinéraires, y compris dans le cas où le projet de départ était inexistant, c'est qu'elles sont à un moment rapportées à des rôles, des tâches ou des manières de vivre auxquelles elles donnent du sens. Elle inclut également (comment les oublierait-on ?) les étapes de la vie scolaire avec ses succès et ses échecs, les préparations programmées à ceci ou à cela, c'est-à-dire les passages balisés et appareillés qu'emprunte obligatoirement ou facultativement le trajet de la formation.

Il me semble important, comme l'avait déjà souligné Pierre Dominicé, de distinguer nettement la formation des actions éducatives qui en sont les moyens (parmi d'autres) et avec lesquels elle est couramment confondue *(90)*. La formation ne saurait être réduite à une action exercée par un formateur sur un « formé », malléable, recevant passivement la forme que lui imprime le formateur[1]. Le projet insensé de modeler l'autre, de créer un être à son image, de lui insuffler la vie, qui est le fantasme de l'animateur, ne peut aboutir qu'à lui donner la mort. C'est en vain qu'on s'ingénie alors à le ranimer, ou, comme on dit, à le « motiver ». Des expressions telles que « donner » et « recevoir » une formation, les mots mêmes de formateur et de formé paraissent signifier cette image de la formation. Aussi, les Québécois préfèrent-ils parler des « se formant », des « s'éduquant »... On peut dire que la notion de formation ne prend tout son sens que si elle désigne une action réfléchie. Se former, c'est réfléchir pour soi, pour un travail sur soi, des situations, des événements, des idées.

Devient-on alors tributaire de l'autre fantasme analysé par René Kaës *(98)*, celui de l'auto-formation ? S'agissant de l'être humain qui est un être social, il est clair que ce processus ne se développe qu'au travers d'interactions, de l'intégration à des groupes, de l'appartenance à une classe et qu'il suppose des réquisits sociaux : incitations, modèles, sanctions qui de toute façon, même dans le cas du plus libre vagabondage culturel, même quand ils ne sont pas bien discernés, orientent et structurent la démarche. Il est souhaitable de se représenter ces dispositifs ou ces moyens de formation

---

1. La définition de la formation que je formulais en 1974 au début d'un rapport pour l'O.C.D.E. sur les expériences novatrices de formation des enseignants était la suivante : « Toute action organisée visant à provoquer une restructuration plus ou moins radicale du mode de fonctionnement de la personne : la formation ainsi entendue touche aux manières de penser, de percevoir, de sentir, et de se comporter. »

La formation vue comme une « action organisée » prend implicitement un sens actif pour le formateur ou l'institution de formation et passif pour les personnes en formation. C'est cette distorsion que je m'emploie ici à éviter.

comme multiples, entrecroisés, souvent antinomiques. Grâce à eux, mais aussi contre eux, à travers des déformations, des transformations, des reformations dont les unes sont subies et les autres recherchées.

Trois caractéristiques de la formation des enseignants sont à noter, qui posent trois catégories de problèmes. Selon l'importance relative que l'on accorde à l'une ou à l'autre de ces trois caractéristiques, on est conduit à constituer trois problématiques qui ne se recouvrent que partiellement : c'est une *formation double,* c'est une *formation professionnelle,* c'est une *formation de formateurs.*

2.1. Une formation double

Une spécificité de la formation des enseignants c'est d'être *double* : le métier d'enseignant exige une formation scientifique, littéraire ou artistique, cette formation qu'on appelle parfois académique, et une formation professionnelle que l'on réduit parfois à la formation pédagogique, mais dont il est aujourd'hui reconnu qu'elle inclut d'autres aspect qui se rapportent à l'insertion institutionnelle, aux tâches de concertation, de gestion, d'orientation, etc.[1].

Certaines conceptions de la formation tendent à minimiser l'une de ces deux dimensions, sinon à la résorber dans l'autre. Traditionnellement, les professeurs de l'enseignement secondaire n'avaient que faire d'une formation professionnelle. Il était admis que le niveau culturel attesté par l'agrégation et même par la licence *(licentia docendi)* conférait la compétence pédagogique. L'approfondissement d'une discipline scientifique, littéraire ou artistique était censé comporter un entraînement à l'observation, à l'analyse et au contrôle de soi (ce qu'on appelait réflexion et esprit critique) qui apparaissaient comme des atouts majeurs pour aborder les situations éducatives[2].

A l'inverse, certains ont pu penser qu'une pratique pédagogique privilégiant l'animation du groupe-classe et le soutien de la démarche individuelle, disposant de ressources technologiques telles que le centre d'auto-documentation, le manuel programmé, la videocassette ou le terminal

---

1. J'avais noté *(21)* l'apparition d'une nouvelle problématique de la formation, que je qualifiais de problématique *professionnelle-personnelle,* par opposition à la problématique traditionnelle *scientifique-pédagogique.*
2. Cette conception de la compétence pédagogique gouverne implicitement la (non-) formation des enseignants de l'enseignement supérieur.

d'ordinateur pouvait conduire à faire de l'enseignant un spécialiste de la communication, et non plus d'une (ou de plusieurs) disciplines, à renier son personnage traditionnel, celui qui détient le savoir face au non-savoir. L'image de l'enseignant animateur rejoignait ainsi plus ou moins celle de l'enseignant éducateur, non quant à la dévalorisation de l'instructif, car l'animation est adoptée ici comme une technique pédagogique visant à faciliter les apprentissages, mais quant à l'accent mis sur la relation et la communication.

C'est la conception de la double formation qui tend aujourd'hui à prévaloir.

Les récentes dispositions qui ont été prises et celles qui sont en projet concernant la formation des instituteurs et des professeurs du second degré tendent à rééquilibrer la formation dans ce sens par le renforcement de l'une ou l'autre dimension, selon le cas. Pour les instituteurs qui bénéficient depuis toujours d'une formation professionnelle en École Normale, la formation académique a été renforcée par la création d'un D.E.U.G. préparé avec la participation des universités. Pour les P.E.G.C., un rattrapage scientifique est jugé nécessaire tandis que pour les professeurs certifiés et agrégés, il apparaît souhaitable que leur formation professionnelle soit renforcée dans les C.P.R. et en cours d'emploi[1].

La problématique de la formation des enseignants est fortement marquée par cette bipolarité qui en détermine les principaux dilemmes :

— Comment hiérarchiser les objectifs de la formation des enseignants ? Donner la priorité à l'éducatif sur l'instructif conduit évidemment à privilégier la formation professionnelle. Mais l'inverse n'est pas vrai : la priorité à l'instructif ne suppose pas forcément la prépondérance de la formation académique : l'accent peut être mis sur les aspects didactiques et plus généralement pédagogiques de la transmission des savoirs.

— Faut-il ou non spécialiser les enseignants dans l'enseignement d'une seule discipline ? Au niveau élémentaire, faut-il maintenir la polyvalence ou une certaine spécialisation est-elle souhaitable ? Au niveau du collège, faut-il maintenir, voire généraliser, la bivalence qui est le fait de nombreux P.E.G.C. ?

---

1. La Conférence des présidents des associations de professeurs spécialistes, lesquelles ont pour raison d'être la défense de leurs disciplines respectives, a dernièrement mis l'accent sur la formation pédagogique « interdisciplinaire ».

Si l'on tient la transmission des connaissances pour l'aspect prioritaire de la fonction enseignante, et que le niveau de qualification scientifique apparaît comme le premier objectif, la spécialisation s'impose. Si la continuité de l'action éducative dans l'enseignement élémentaire et au collège apparaît comme un impératif majeur, la polyvalence ou au moins la bivalence est de rigueur pour que les élèves, au moins dans l'enseignement élémentaire et au niveau de la sixième et de la cinquième, puissent nouer avec leurs enseignants des liens suffisamment forts. La situation créée par la généralisation de la scolarité de second degré où la plupart des élèves sont étrangers au type de culture auquel on prétend les faire accéder donne une acuité particulière à cette exigence[1] :

— Comment sélectionner les futurs enseignants ? Sur des critères de niveau scientifique ou sur des critères de personnalité ? Qu'est-ce qui est requis au départ pour qu'une formation puisse être bénéfique ?

— Comment concevoir le cursus de formation ? La formation professionnelle doit-elle succéder à la formation académique (une fois acquis les diplômes) ou doit-elle être entreprise en même temps que la formation académique ? Liée à elle ou seulement en parallèle ?

— Quelles sont les institutions susceptibles d'assurer ces formations ? Pour la formation des professeurs, les diplômes des spécialités s'acquièrent en université et la formation professionnelle (d'ailleurs embryonnaire) dans des centres contrôlés par l'administration employeuse (C.P.R. où interviennent les inspecteurs généraux et les inspecteurs pédagogiques régionaux). C'est le partage traditionnel qui exclut tout lien entre les deux aspects de la formation. Aujourd'hui, la recherche d'une articulation pousse à d'autres solutions : soit dans le sens d'un développement des centres de formation régionaux intégrant des apports universitaires (formule qui est celle des écoles normales pour la formation des instituteurs), soit dans le sens d'une intégration à l'Université des centres de formation. De ce fait, la formation des enseignants devient l'enjeu d'une lutte de pouvoirs entre les universités et l'administration de l'Éducation nationale qui a été aggravée entre 1975 et 1981 par la dualité des ministères.

Certains responsables de l'Éducation nationale, et en particulier les corps d'inspection, plaident en faveur d'une formation professionnelle dispensée dans le cadre de l'institution comme une composante de la politique

---

1. L. Legrand, *l'École unique à quelles conditions ?*, Paris, Scarabé, 1981.

générale qu'elle entend développer, notamment quand il s'agit de la formation continue. L'intervention de l'Université dès lors qu'elle déborderait la formation académique pour contribuer à la formation pédagogique et professionnelle leur apparaît peu souhaitable, sinon dangereuse : l'Université est à leurs yeux un lieu de spéculation éloigné des réalités de la profession où la critique de l'institution scolaire risque toujours de l'emporter sur la préparation aux tâches concrètes auxquelles l'enseignant est confronté.

Les partisans d'une formation entièrement dévolue à l'Université, mais n'excluant pas la présence de praticiens dans les équipes de formateurs, tirent au contraire argument de la position extérieure et distanciée de l'Université par rapport à l'institution scolaire. Ils estiment qu'une formation professionnelle, surtout lorsque la dimension personnelle de cette formation est importante, ne saurait être gérée directement par l'organisme employeur et que l'institution ne peut que gagner à jouer la liberté de jugement contre le conformisme.

2.2. Une formation professionnelle

Que la formation des enseignants doive être considérée comme une formation professionnelle serait un truisme s'il était universellement admis que les enseignants sont, au même titre que les médecins et les avocats, des professionnels, identifiables par leur compétence et par leur appartenance à une corporation détenant l'exclusivité de la fonction. Or, à la différence de celui des médecins ou des avocats, le statut professionnel des enseignants n'est pas clairement établi et il est parfois contesté.

Du point de vue de la compétence, Jean Piaget notait, et pour sa part déplorait, que « le maître d'école n'est pas considéré ni par les autres ni, ce qui est pire, en général, par lui-même, comme un spécialiste du double point de vue des techniques et de la création scientifique, mais comme le simple transmetteur de savoir à la portée de chacun[1]. » L'acte d'enseigner apparaît en effet comme un acte banal qui s'effectue dans la continuité d'une activité spéculative ou pratique. A qui sait quelque chose ou sait faire quelque chose, il apparaît naturel et aisé de le transmettre à d'autres. Il est fréquemment demandé à des chercheurs ou à des praticiens non seulement de communiquer leurs « résultats » et leur « expérience », mais de dispenser des enseignements en rapport avec leur spécialité. Qui, de l'élec-

---

1. J. Piaget, « Éducation et instruction depuis 1935 », in *Encyclopédie française*, tome XV, 1965.

tricien, de l'agriculteur, de l'architecte ou du médecin, se sentant en possession de sa technique, de son art, de son savoir, ne se sentirait pas du même coup apte à faire partager son plaisir, ses interrogations, ses découvertes ? De quelle autre formation aurait-il besoin pour enseigner que celle qui lui a permis d'arriver à une certaine maîtrise dans sa spécialité ?

Si l'on regarde du côté des enseignants, on peut se demander si leur métier est un métier comme les autres. Ce qui est attendu d'eux par les élèves, par les parents, par les politiques, tout autant que l'image qu'ils se font de leur fonction, déborde largement l'exercice d'un métier, car c'est un métier dont la caractéristique est de renvoyer sans cesse à la personne. Rappelons le thème récurrent, bien que controversé, de « l'enseignant éducateur », le succès de la formule socratique : « que puis-je lui enseigner ? Il ne m'aime pas. » ; ou de cette autre : « le maître n'enseigne pas ce qu'il sait, mais ce qu'il est. » Remarquons aussi que l'école n'est pas un lieu professionnel nettement circonscrit, puisqu'elle est pour l'enseignant le lieu de son enfance jamais quitté et que son activité d'enseignant se poursuit chez lui avec les préparations et les corrections prescrites, mais non exactement comptabilisées dans son « temps de service ».

Du point de vue de l'appartenance à une profession organisée, l'enseignement n'est pas non plus un métier comme les autres. Fonctionnaires pour la plupart (les maîtres de l'enseignement privé sont progressivement assimilés à ce fonctionnariat sous des formes contractuelles), soumis aux hiérarchies et aux règlements administratifs, contrôlés par un inspecteur qui les juge sur la base de programmes et de circulaires dont les prescriptions sont très précises, les enseignants se trouvent, malgré la sécurité de l'emploi, insécurisés et infantilisés. De ce fait, le corps enseignant en tant que tel se manifeste plutôt par la revendication que par des initiatives régulatrices ou prospectives. L'idée d'une professionnalisation du corps enseignant, pour laquelle militent les enseignants américains, n'a pas eu beaucoup d'écho en France. Elle vise à constituer une profession enseignante sur le modèle des professions libérales tendant à lui assurer une certaine indépendance et des garanties de statut par le monopole de certains actes professionnels et le contrôle des praticiens par leurs pairs. Une formation professionnelle renforcée en serait le corollaire. A quoi s'oppose la thèse illichienne de la déscolarisation qui ne voit d'issue à la crise de l'école que dans la diffusion de la fonction de transmission des connaissances au niveau de la société tout entière. Ces réseaux qui répondent au vœu de Rogers : « ceux qui auraient envie d'apprendre se réuniraient pour le faire » sonnent le glas de la profession enseignante, les animateurs que leur substitue Illich n'ayant plus une fonction de distributeurs de savoir mais une fonction de ferment et d'incitation, ce qui d'ailleurs suppose aussi une formation[1].

Disparition des enseignants ? Redéfinition de leur compétence ? Rajustement de leur insertion sociale ? En tout cas se trouve signifiée par ces hypothèses l'importance d'une recherche sur les requisits de ce métier « pas comme les autres », où la personne et le rôle social sont intimement imbriqués, sur l'articulation des aspects personnels et professionnels de la formation des enseignants. Quand les situations professionnelles à affronter sont telles que savoir et savoir-faire ne peuvent s'y actualiser qu'en fonction d'un type de présence qui met en jeu la personnalité profonde, on peut parler, comme le fait André Missenard[2] de formation de la « personnalité professionnelle ». Ce concept inclut les motivations et les fantasmes, les interdits, les idéaux professionnels et leurs images, l'objet de travail désiré[3].

2.3. Une formation de formateurs

Une autre caractéristique de la formation des enseignants, c'est d'être une formation de formateurs, autrement dit de fonctionner au second degré.

Il y a en effet une analogie structurelle entre le lieu de la formation et le lieu de la pratique professionnelle vers laquelle conduit cette formation, une isomorphie. Les bâtiments, les salles de cours, les rythmes d'activités quotidiens, hebdomadaires et annuels sont à peu près les mêmes. L'institution est la même. Le rapport maître-élève, qui est avec le rapport parent-enfant l'un des deux archétypes de notre vie sociale, se retrouve dans les

---

[1]. Le débat sur la non-directivité qui s'est développé dans les années 70 reflétait les tâtonnements, les découvertes et les résistances suscités par une pratique pédagogique soucieuse de faire exister la démarche personnelle des élèves, de l'aider à s'orienter dans « la bonne direction », comme dit Snyders (Pédagogie progressiste, Paris, PUF, 1971), c'est-à-dire, selon moi, dans la direction qu'ils déterminent en fonction de leurs intérêts, de leurs aspirations et de leur potentiel actuel.
J'ai soutenu pour ma part, sans réussir à me faire comprendre sur ce point par Snyders (211), qui a qualifié d'hésitation le mouvement dialectique que j'indiquais, que le mot de non-directivité désignait l'un des termes d'une antinomie (directivité - non-directivité) qui figure l'essence même de l'acte éducatif.
[2]. « Formation de la personnalité professionnelle », Connexions, n° 17, 1974, p. 110-115.
[3]. La spécificité de la profession enseignante semble faire question, peut-être parce que l'enseignement est tout à la fois une profession et une fonction sociale qui s'exerce bien au-delà de cette profession, à la limite en tous lieux publics et privés.

deux situations. Il résulte de cette isomorphie que le modèle pédagogique adopté par les formateurs, quoi qu'ils en aient, tend à s'imposer comme modèle de référence des « formés ». Ceux-ci sont portés à reproduire les procédures, les attitudes, le style de comportement développés par les formateurs et l'institution de formation. Les effets de structuration et d'imprégnation produits par le dispositif de formation risquent d'être plus forts que les discours tenus. C'est la raison pour laquelle le cours magistral pratiqué en université, auquel est attaché le prestige du savoir inégalable et de l'autorité qu'il confère, reste le prototype de l'action enseignante, en dépit de tout ce qui s'est écrit et dit (souvent du haut d'une chaire) à la gloire des méthodes actives, en dépit d'Alain qui s'écriait jadis : « Je hais ces petites Sorbonnes[1] ». L'école « normale » est bien ainsi nommée et conçue pour perpétuer cette reproduction. C'est, selon la définition qu'en donne Littré, « un établissement qui sert de modèle pour en former d'autres du même genre »[2].

Une formation de formateurs pousse à son point extrême l'antinomie éducative fondamentale : former des sujets autonomes. Là, il s'agit de susciter chez les futurs enseignants le désir et l'énergie nécessaires à la construction d'un projet éducatif qui soit vraiment le leur. Or cette visée est celle du formateur, inscrite dans un projet éducatif qui est le sien.

Les enseignants en formation, comme d'autres catégories de formateurs, sont ainsi soumis à de très fortes tensions du fait que la problématique et les pratiques de formation sont pour eux à la fois objet d'étude, de réflexion, d'investissement symbolique, et vécu quotidien d'avatars multiples dans la réalité de l'institution formatrice. D'où la nécessité d'une élucidation permanente des modalités et des enjeux de la formation, orientée tantôt vers l'analyse institutionnelle, tantôt vers l'analyse des désirs et des représentations des enseignants en formation... et de leurs formateurs.

Une formation double, une formation professionnelle, une formation de formateurs : ces caractéristiques structurelles, constitutives de la problématique actuelle de la formation des enseignants sont apparues successivement, en rapport avec le contexte historico-culturel.

---

1. Alain, *Propos sur l'éducation*, Paris, PUF, 1948.
2. Au moment où se préparait la récente réforme de la formation des instituteurs, j'ai crié gare à cet éternel retour d'une formation dont on entreprend de renouveler l'esprit et les démarches et qui est finalement normalisée par l'inertie du système : « Ce qui importerait, c'est que dès la création des centres de formation soit avant tout instituée une *structure de coopération* dotée d'une large capacité instituante, que soit reconnu le droit à la différence, à l'initiative, de telle sorte que chaque centre soit une école a-normale. » (« Pour des écoles a-normales », *le Monde*, 29-3-79.)

La problématique traditionnelle, « académique-pédagogique », comme je l'ai appelée, développe son débat essentiellement autour de l'articulation de ces deux axes. La notion de formation professionnelle entre en scène en 1947 pour désigner l'année de préparation au métier d'instituteur qui fait suite aux années de formation générale préparant au baccalauréat. Son usage devenu depuis lors de plus en plus courant traduit le souci de faire reconnaître une technicité propre à la pratique enseignante. Quant à sa spécificité de formation de formateurs, d'ailleurs rarement désignée en ces termes, elle imprègne une approche des problèmes de la formation inspirée par les pratiques de l'éducation permanente[1].

Toute politique de la formation des enseignants se trouve confrontée à une série de dilemmes organisationnels qui touchent à ces trois aspects.

Les choix qui sont à faire à ce niveau concernent principalement l'équilibre entre la formation générale de base et la spécialisation professionnelle, entre la formation personnelle et la formation aux tâches et aux rôles à assumer, les rapports entre la formation théorique et la formation pratique, entre la formation initiale et la formation en cours d'emploi, l'articulation dans le déroulement du cursus de la formation académique et de la formation pédagogique, l'insertion universitaire des centres de formation, le recrutement et le prérecrutement des futurs enseignants, la désignation et la qualité des formateurs d'enseignants, l'isomorphie entre les situations de formation et les situations d'enseignement, les examens et concours. Les solutions adoptées sur tous ces points structurent un système de formation et sur-déterminent les pratiques de formation dont il est le théâtre. Elles peuvent résulter de facteurs historiques, économiques, administratifs, idéologiques ou, bien sûr, pédagogiques, ou de la combinaison de plusieurs d'entre eux. Chaque type de structure en tout cas secrète une pédagogie voulue ou perverse, explicitée ou travestie, qui oriente selon sa logique le processus de formation. Le modèle pédagogique implicite qui est à l'œuvre dans le système de formation est à la fois, et dans des proportions variables selon le cas, le principe organisateur du système et le produit de son fonctionnement. Il présente de ce fait un noyau de cohérence et des aspects paradoxaux.

---

1. Rappelons quelques lieux de contagion : l'I.N.F.A. qui a pris en charge des formations d'enseignants, les sessions de formation de divers organismes tels que l'A.R.I.P., le C.E.P.R.E.G., etc. où les enseignants se sont mélangés à d'autres catégories de formateurs, les C.I.F.F.A., puis les C.A.F.O.C., etc.

3
Acquérir, s'éprouver, comprendre

Comment identifier et décrire les modèles pédagogiques sous-jacents aux systèmes de formation ? Comment analyser le sens qu'ils donnent au processus de formation ?

Nombre d'écrits concernant la pédagogie (et notamment divers écrits sur la formation des enseignants) établissent une opposition radicale entre deux modèles, l'un traditionnel, l'autre de pédagogie nouvelle, dont le contraste est à la fois celui du passé et de l'avenir, de la routine et de l'innovation, du conformisme et de l'autonomie, du reproductif et du créatif, du passif et de l'actif, sinon de la droite et de la gauche. Marcel Lesne, réfléchissant sur le travail pédagogique dans la formation des adultes, commence par repousser « ce système de référence bipolaire et mystificateur qui ne rend compte ni de l'existence réelle des pratiques pédagogiques, ni de leur véritable usage social (*99*, p. 12). » Sans toujours aller jusqu'à ce manichéisme, les études sur la formation des enseignants, du moins en langue française, relèvent du discours normatif de la pédagogie avec les ambiguïtés qu'il comporte : l'analyse des situations et des pratiques, l'énoncé et la critique des principes, la prospective et la profession de foi y sont mélangées. Elles visent soit à argumenter en faveur de certains objectifs ou de certaines techniques, soit à vanter les avantages du recours à certaines techniques. Elle ne décrivent les pratiques existantes que pour faire ressortir leurs mérites ou leurs insuffisances, rarement pour en analyser le fonctionnement et les implications. Aussi, les modèles qui sont définis et opposés les uns aux autres pour formaliser les pratiques et les conceptions dont il s'agit de rendre compte sont-ils souvent des modèles à suivre ou des modèles à rejeter intrinsèquement et non en fonction de certaines finalités ou de certains contextes. Par exemple, Jacky Beillerot oppose deux modèles de formation d'enseignants : l'un, qu'il appelle « rationaliste », conçoit la formation comme « une acquisition scientifique de haut niveau dans les disciplines à enseigner d'une part, en psychopédagogie d'autre part », l'autre, qu'il appelle « situationnel », qui « sans nier les aspects présentés dans le modèle précédent » met l'accent sur la relation pédagogique, la communication, l'institution. Il est alors clair que le second modèle s'impose, en tout cas que le discours tenu consiste à le privilégier, ne serait-ce que parce qu'il englobe et dépasse le premier *(118)*.

C'est une dichotomie du même genre que propose Georges Belbenoit quand il distingue deux modèles de formation, l'un inspiré par une « pédagogie de la connaissance », l'autre par une « pédagogie de l'épanouissement » *(20)*.

Ce n'est pas le cas de la typologie proposée par Marcel Lesne *(99)*. Son outil d'analyse est construit par référence au processus de socialisation des individus et défini comme tel. Trois modes de travail pédagogique en formation d'adultes sont distingués : le type transmissif à orientation normative, le type incitatif à orientation personnelle, le type appropriatif centré sur l'insertion sociale.

Son effet d'objectivation contribue grandement à clarifier la problématique de la formation. On voit qu'ici la catégorisation en modèles épouse au plus près le fonctionnement opératoire de l'acte de formation dont elle traduit la variance. La normativité n'est pas absente de cette construction, mais elle est cantonnée (et explicitée) au niveau du choix de la référence (ici : la socialisation des individus).

J'ajoute que l'approche de Lesne saisit la formation plutôt du côté de l'acte pédagogique que du côté du processus de formation sur lequel il s'exerce.

Les modèles que je propose pour ma part, repris du document élaboré par le C.O.P.I.E. (Conseil franco-québécois d'orientation pour la prospective et l'innovation en éducation), caractérisent en les schématisant trois sortes de pratiques de formation[1]. La référence ou la variable référenciée comme principe de cette catégorisation n'est ni la visée de la formation, ni ses objectifs, ni la structure du dispositif, ni la nature des contenus, mais le type de processus, sa dynamique formative, son mode d'efficience. Il est ainsi distingué : un *modèle de formation centré sur les acquisitions*, un *modèle de formation centré sur la démarche*, un *modèle de formation centré sur l'analyse*.

Il s'agit de *modèles théoriques*. C'est dire qu'aucune pratique n'est construite exactement sur l'un de ces modèles, qu'aucune pratique ne les a pris pour principe, et que, comme le dit Pierre Bourdieu, « la pratique n'implique pas - ou exclut - la maîtrise de la logique qui s'y exprime[2]. » Si certaines pratiques apparaissent plus particulièrement représentatives de l'un d'entre eux, ce modèle ne rend jamais compte de tout leur fonctionnement dont la complexité renvoie, au moins secondairement, aux autres modèles.

A qui veut devenir enseignant on peut tenir trois sortes de discours.

On peut lui dire à peu près ceci : « Il vous faut acquérir d'abord les connaissances et les modes de raisonnement propres à la discipline ou aux disciplines que vous aurez à enseigner. Vous devrez réorganiser ce savoir dans la perspective de sa transmission, vous initier à la didactique. Mais votre compétence doit être *double* : il vous faut aussi acquérir des connaissances sur le développement de l'enfant et de l'adolescent, la psychologie des adultes, sur les processus d'apprentissage, sur les méthodes d'évaluation, sur le fonctionnement des groupes, sur l'institution scolaire, sur les inégalités socio-culturelles, etc. La liste des notions jugées indispensables ne cesse de s'allonger... Mais l'étude ne suffit pas. Il vous faudra aussi acquérir des

---

1. Cette typologie est un produit de distillation.
Après avoir observé et analysé sur le terrain plusieurs dispositifs de formation d'enseignants en France, au Danemark, en Suède, en Angleterre, au Québec et aux U.S.A., le groupe de travail du C.O.P.I.E., auquel j'ai participé, a éprouvé le besoin d'une mise en perspective de ses constatations et recherché la voie d'une théorisation. Au cours d'un séminaire de réflexion du sous-groupe français, j'ai proposé cette typologie fondée sur la distinction entre trois sortes de pratiques de formation.
Il ne fait pas de doute que les modèles retenus dans cette typologie ont été suggérés par les observations faites par le groupe de travail du C.O.P.I.E. et ailleurs, partout où j'ai eu affaire à des actions de formation d'enseignants. Mais par une voie détournée : c'est en coupant net avec la réflexion collective qui s'efforçait de classer et de comparer les diverses expériences, et en me lançant dans une libre spéculation sur les notions d'apprentissage, d'expérience, d'analyse, de démarche que j'ai défini des catégories *a priori* qui se sont avérées convenir à une mise en perspective des observations. (Voir *Cahiers du C.O.P.I.E.*, n° 1, 1979)

2. P. Bourdieu, *le Sens pratique*, Paris, éditions de Minuit, 1980.

savoir-faire, des « habiletés » par des entraînements systématiques au cours de séances de simulation, de stages où vous ferez des leçons d'essai sous contrôle puis, de plus en plus, en responsabilité. Vous vous serez ainsi muni d'un viatique grâce auquel vous pourrez aborder votre métier d'enseignant dans la sécurité. Vous constaterez sûrement en cours de route que des lacunes subsistent dans votre formation, que vous n'avez pas été suffisamment préparé à certains tâches ou à certaines situations auxquelles vous serez brutalement confronté. Il vous faudra alors compléter votre formation initiale par des activités de recyclage ou de perfectionnement. »

On peut lui dire autre chose : « L'important pour vous préparer au métier d'enseignant, c'est de faire des expériences, de quelque nature qu'elles soient, qui vous confrontent à des réalités et mettent vos capacités à l'épreuve. C'est le principe de toute formation *professionnelle*. Il est illusoire de penser que vous pouvez emmagasiner toutes les connaissances dont vous aurez besoin ou de développer toutes les habiletés nécessaires. Vous former, c'est apprendre à vous mobiliser, à utiliser toutes vos ressources pour résoudre un problème, mettre en œuvre un projet, aborder des situations imprévues, coopérer avec d'autres. Ce qui est formateur, c'est une démarche accomplie en fonction d'un but, en butte à des difficultés, aux prises avec des événements. On peut envisager des expériences de vie, des aventures, et aussi des expériences intellectuelles de recherche, de création, à travers quoi vous gagnerez plus de maturité personnelle, intellectuelle, sociale. Il n'y a pas lieu d'anticiper sur les problèmes spécifiques de la pratique enseignante. Ce qu'il faut c'est se rendre apte à les affronter. D'autres expériences, par la suite, vous permettront de rompre avec la routine, d'élargir vos horizons, d'enrichir vos perceptions et vos modes d'action. »

On peut dire encore autre chose : « S'il est vrai qu'aucune conduite passe-partout n'est de mise, qu'aucune classe n'est semblable à une autre, que les réactions des élèves sont imprévisibles, l'essentiel est la présence aux situations toujours singulières, l'attention à ce qui surgit. Les techniques, les méthodes ne sont pas d'un grand secours puisque la question est de les approprier à chaque cas. C'est donc la capacité d'observer et d'analyser les situations que vous devez développer en vous par tous les moyens possibles : étude de cas, analyse d'expériences, observation de classes, de réunions pédagogiques, simulations, jeux de rôle, etc. Bien sûr, vous aurez à acquérir des connaissances, des méthodologies, des techniques, bien sûr, vous aurez à faire des expériences diverses, mais apprendre ou faire quelque chose n'est formateur que lorsque c'est le moyen de comprendre, l'occasion de prises de conscience, l'incitation à décoder et interpréter tous les signes. Votre position bivalente de *formateur en formation* vous y aidera. »

Ainsi cette troisième perspective accommode à sa manière les préoccupations dominantes des deux autres : l'analyse intègre les savoirs, les savoir-faire, les expériences vécues, et vise à leur donner sens. Pareillement la pédagogie des acquisitions ne manque pas de recourir à des expériences et à des projets et pas moins à des exercices d'observation et d'analyse des situations. Mais c'est en termes d'acquisitions programmables et vérifiables qu'elle les propose. La pédagogie de la démarche prévoit également toutes sortes de notions et de savoir-faire à s'approprier, ainsi que le recours à diverses sortes d'analyse des comportements et des dispositifs rencontrés. Mais c'est en tant qu'expériences jalonnant un itinéraire qu'elle les intègre.

Voyons quels sont les implications et les présupposés imputables à chacun de ces trois modèles.

1. MODÈLE CENTRÉ SUR LES ACQUISITIONS

Se former, comme le souligne la définition de la formation, c'est toujours acquérir ou perfectionner (ce qui est encore acquérir) un savoir, une technique, une attitude, un comportement, bref une capacité. Capacité de faire, de réagir, de raisonner, de sentir, de jouir, de créer... C'est *apprendre,* au sens que retient Olivier Reboul quand il définit l'apprentissage « comme l'acquisition d'un savoir-faire, c'est-à-dire d'une conduite utile au sujet ou à d'autres que lui et qu'il peut reproduire à volonté si la situation s'y prête[1] ». Cette définition s'accommode aussi bien des connotations scolaires (mémoriser et intégrer des connaissances) que des connotations de métier (faire son apprentissage) et des connotations de la psychologie expérimentale (les lois d'acquisition ou de modification des comportements). La notion d'apprentissage est prise ici en un sens étroit qui exclut les changements qui n'ont pas été délibérément recherchés et économiquement obtenus.

Ce premier modèle se caractérise par une réduction de la notion de formation à celle d'apprentissage dans son acceptation étroite. Le processus de

---

1. O. Reboul, *Qu'est-ce qu'apprendre ?,* Paris, P.U.F., 1980.

formation s'organise en fonction de résultats constatables et évaluables dont l'obtention est censée garantir un niveau de compétence défini en termes de connaissances, de comportements, de performances ou d'habiletés. La logique interne de la formation est celle d'une didactique rationnelle, avec ses progressions, ses entraînements systématiques et ses contrôles à chaque étape. Elle s'ordonne à une logique externe qui pose la formation comme préparatoire à l'activité professionnelle (ou à l'introduction de nouvelles pratiques), c'est-à-dire comme antérieure à elle et ajustée à ses requisits supposés. Les contenus de la formation et ses objectifs sont prédéterminés par le concepteur de la formation, plus ou moins aménagés par le formateur, cependant que les « formés » n'ont aucune part à ces déterminations.

Le formateur d'enseignants est donc ici un enseignant qui dispense un cours ou assure des travaux pratiques. Un enseignant de français, de mathématiques, etc. ou un enseignant de psychopédagogie. Qu'il enseigne sur le mode magistral ou utilise des méthodes actives, sa pratique est une pratique d'enseignement, assujettie à un programme et aux exigences du contrôle auquel doivent être soumis les « élèves ».

On reconnaît là les formations traditionnelles où l'acquisition de connaissances assortie de quelques exercices pédagogiques constitue le tout de la formation. C'est ce modèle dont relèvent également les types de formation inspirés par le behaviorisme et la pédagogie par objectifs. Ainsi le *C/PBTE (Competency and/or Performance Based Teacher Education)* définissant l'enseignement comme un métier à apprendre, un ensemble de techniques à maîtriser établit un programme de formation sous la forme d'un répertoire d'objectifs hiérarchisés que l'élève-maître doit atteindre successivement.

Chaque habileté s'acquiert dans le cadre d'un module dont l'unité didactique inclut les diverses phases de l'apprentissage : le rationnel, les objectifs, la préévaluation, les activités d'apprentissage, la post-évaluation[1].

Ce modèle implique une conception du rapport théorie-pratique qui fait de la pratique une *application* de la théorie (illustrée par le terme « classes d'application »). La théorie désigne ici non seulement les connaissances transmises, mais aussi les exercices (quelquefois dits pratiques) distanciés

---

1. La formation des enseignants au Collège Éducation de l'université de Houston (Texas) : C/PBTE. (« Formation des enseignants : problématique, orientations, perspectives », *Cahiers du C.O.P.I.E., n° 1, 1979).*

de la situation réelle sur laquelle ils anticipent. Sans doute peut-on remarquer que les programmes, les objectifs, les exercices ont été partiellement déterminés à partir de la pratique du métier, des problèmes rencontrés par les enseignants dans leur expérience de la classe, de l'établissement, des rapports avec les parents, etc. Mais quelqu'un a filtré ces données venues de certaines expériences et construit un programme de formation en y ajoutant d'autres éléments jugés nécessaires *a priori*. En définitive, les élèves-maîtres ou les enseignants en formation continue n'ont aucune part à la définition des objectifs et des progressions[1].

Dans cette optique d'application, les stages dans les classes conçus comme la mise en œuvre des connaissances et des habiletés acquises dans le centre de formation ne donnent lieu qu'exceptionnellement à un rajustement ultérieur des enseignements théoriques. La remontée de la pratique vers la théorie a d'autant moins de chances de se produire que les formateurs du centre de formation ne sont pas les mêmes que les formateurs des stages, ce qui fait dire à Bertrand Schwartz que « les élèves en stage sont accidentellement les mêmes que les élèves en cours[2] ».

La prégnance de ce modèle, qui reste prééminent dans le monde des enseignants et des responsables scolaires, s'explique peut-être moins par sa rationalité si souvent réaffirmée (il faut des enseignants compétents, la première exigence est le haut niveau scientifique, etc.) que par son inscription en profondeur et quasi indélébile dans les structures administratives, les découpages des emplois du temps, les configurations architecturales, les systèmes de rôles, les *habitus*. Quand bien même les discours tenus plaident en faveur de « méthodes actives », vantent les vertus du « travail indépendant » ou vont jusqu'à prôner l'autogestion à l'école, ces discours sont presque toujours contredits et neutralisés par les effets puissants du dispositif et du type de démarche auquel il contraint.

---

1. Une pratique « enseigneuse » de la formation justifie à chaque pas son action par l'évocation des applications futures dans le métier, ou plus sûrement encore par son adéquation aux exigences de l'examen de probation. Quitter cette sécurité pour se lancer dans des détours, prendre des biais, faire droit aux tâtonnements et aux turbulences, est vécu comme perte de temps et de contrôle, relâchement ou même délinquance.

2. B. Schwartz, *Une autre école,* Paris, Flammarion, 1977.

2. MODÈLE CENTRÉ SUR LA DÉMARCHE

Se former, c'est toujours acquérir, apprendre. Mais la notion d'apprentissage peut être prise dans une acception ouverte qui englobe à côté des apprentissages systématiques dont il vient d'être question, toutes sortes d'expériences dont les effets de sensibilisation, de déblocage ou de mobilisation des énergies sont plus ou moins clairement recherchés au départ ou même ne sont reconnus qu'après coup. Dire à l'issue d'une épreuve ou après une rencontre : « J'ai beaucoup appris » renvoie à des zones d'ombre autant qu'à des *insight* et, pour tout dire, à l'inconscient autant qu'au conscient. Ce n'est pas nécessairement en concentrant sa visée sur les performances à réaliser qu'on apprend le plus et le mieux, et ce n'est pas forcément parce qu'on donne la preuve que l'on peut produire ou reproduire un type de comportement qu'on a pour autant appris à agir et réagir dans une situation donnée.

D'où l'idée que le travail de formation concerne plutôt la démarche et ses péripéties que les acquisitions diverses et parfois inattendues sur lesquelles elle débouche[1]. L'important serait de vivre des expériences sociales ou intellectuelles, individuellement ou en collectif, dans le champ professionnel ou tout à fait hors de ce champ avec leur lot de plaisirs et de souffrances, d'efforts et de fatigues, de découvertes et de déconvenues. C'est aussi l'idée qu'un enseignant n'est pas un distributeur de connaissances, un terminal d'ordinateur, que son action pédagogique dans la sphère même de l'instructif, et à plus forte raison au-delà, suppose maturité, capacité de faire face à des situations complexes, de répondre à des demandes ou à des interrogations imprévues. L'accent est mis sur le développement de la personnalité.

Tous les dispositifs de formation peuvent d'ailleurs être regardés sous l'aspect de l'expérience qu'ils procurent aux élèves ou aux stagiaires en formation de manière plus ou moins délibérée. Les normes de l'établissement, ses rituels, son folklore, ses figures légendaires, en induisant des réactions de soumission ou de révolte, de participation au groupe ou de fuite dans la solitude, sa fermeture ou sa perméabilité au débat politique, laissent éventuellement des traces plus profondes et contribuent de manière plus décisive à la formation de la personnalité professionnelle que les activités pro-

---

[1]. Henri Bassis définit la formation comme « une démarche d'auto-socio-construction » *(117)*.

grammées qui justifient l'existence de l'établissement. Dans cette optique, Alain soutenait que les examens qui sont prétendument des épreuves de connaissances ou d'intelligence sont en fait des épreuves de caractère[1].

Les pédagogies centrées sur la démarche sont diverses. Bien entendu, on pense au courant des méthodes actives dont il faut remarquer cependant que, s'agissant de la formation des enseignants, il fournit plus souvent la matière d'un cours de pédagogie qu'il n'inspire les pratiques de formation. mais, à ce modèle doit aussi être rattachée la conception traditionnelle de la formation des professeurs du secondaire : la vieille notion de culture générale, le privilège des humanités et spécialement du latin (discipline de « démarche » s'il en est !) postulent la valeur formative de l'effectuation d'un parcours, ici un parcours intellectuel, par opposition à l'acquisition de connaissances et de savoir-faire utilisables. Au jeu des continuités et des ruptures, qui est le jeu même de la formation, le pari tenu est celui du renforcement d'une continuité profonde par l'effet des ruptures pratiquées au niveau formel. Si ce qui se fait pendant le temps et dans les lieux de la formation est, du point de vue opératoire, sans rapport avec ce qui devra se faire dans l'exercice du métier, il faudra aborder l'exercice du métier techniquement démuni et attentif à sa nouveauté situationnelle, comme on a abordé et vécu l'expérience de formation. Une expérience différente par sa teneur et son contexte, mais semblable par son exigence mobilisatrice.

Ce pari anti-fonctionnaliste peut être poussé très loin. L'École normale de Tvind (Danemark) instaure un détour de deux ans, hors du champ professionnel, pour la formation au métier d'instituteur qui s'étale sur quatres années. La première année, dite « internationale », est consacrée à un voyage au long cours que le collectif des élèves doit concevoir, organiser matériellement, exécuter et enfin exploiter sous forme de comptes rendus, documents, photos, exposition. La deuxième année, dite « nationale », est occupée par un travail salarié dans un emploi industriel, commercial ou agricole. Cette double rupture avec le scolaire et avec le contexte national et le déconditionnement qui en résulte renouvellent la perspective professionnelle. Au cours des deux dernières années s'effectue la préparation directe à l'enseignement selon un régime de séquences alternées sous le signe de la continuité : entraînement pédagogique dans les classes et préparation aux épreuves de certification intégrées dans l'unité d'un projet.

Conçu comme développement personnel à travers une suite d'expérien-

---

1. Alain, *Propos sur l'éducation,* Paris, PUF, 1948.

ces et d'activités, ce type de formation requiert de la part des formateurs un style d'intervention très différent de l'intervention enseignante traditionnelle. Travail d'incitation, de facilitation de l'élaboration et de l'exécution de projets, soit en *tutoring* individuel, soit dans des groupes de travail. Exploration non-directive, guidage méthodologique, apports didactiques, etc., toute une gamme de modalités pédagogiques peut être envisagée par des équipes de formateurs aux rôles complémentaires : animateurs, conférenciers, conseillers pédagogiques, « personnes ressources ». On a pu voir dans certaines écoles normales, notamment pour la formation des maîtres de la voie III lors de la mise en œuvre d'une pédagogie de la démarche (à la suite des sessions de formation confiées à l'I.N.F.A.), les professeurs se désigner comme formateurs et constituer une équipe où les spécialités disciplinaires passaient au second plan au bénéfice des pratiques d'animation[1].

Avec ce modèle, le rapport entre les activités de la formation et la pratique du métier n'est pas de l'ordre de l'application, mais du *transfert*. Le bénéfice de connaissances ou de savoir-faire acquis dans une situation pour appréhender plus sûrement une autre situation est escompté aussi bien au plan intellectuel qu'au plan expérienciel. Dans l'un ou l'autre cas, le transfert s'effectue d'une pratique à une pratique, avec ou sans le détour par la théorie. Ainsi l'idée d'une familiarisation avec les situations éducatives extra-scolaires (telles que les colonies de vacances) est quelquefois préconisée comme une expérience formatrice pour le futur enseignant : relation avec des éducateurs, action concertée en équipe, découverte de ses propres désirs et de ses propres peurs, etc. Toutes sortes d'aspects dont certains peuvent donner lieu à un travail « théorique » (lectures et débats sur le développement affectif de l'enfant, sur les techniques d'observation, sur les handicaps socio-culturels) en rapport avec les impressions, les émotions, les difficultés éprouvées. Dans un autre ordre, l'élaboration d'un mémoire de maîtrise, au-delà des connaissances qu'elle permet d'acquérir dans une discipline, peut être regardée comme un entraînement à l'étude d'un problème, avec recherche documentaire, analyses, synthèses, etc., qui vaudra pour toute étude entreprise ultérieurement, quel qu'en soit le sujet. Là aussi on peut penser qu'une théorisation de la méthodologie serait favorable.

---

1. La voie III désigne le cycle des enseignements dits pratiques qui, avant l'instauration du collège unique, recevait les enfants jugés incapables de suivre une scolarité normale de la sixième à la troisième.

On voit s'amorcer à propos de ces deux exemples un va-et-vient entre la pratique et la théorie dans lequel le moment théorique est à la fois formalisation de l'expérience pratique, élargissement du champ des représentations et anticipation sur d'autres expériences. Le modèle centré sur la démarche apparaît ainsi comme celui qui donne son plein sens à la notion d'alternance.

3. MODÈLE CENTRÉ SUR L'ANALYSE

Se former, c'est toujours acquérir, apprendre, et c'est toujours effectuer une démarche dont les implications sont complexes, dont les effets formateurs et déformateurs sont partiellement, mais peut-être principalement, inattendus et paradoxaux. Il serait chimérique de prétendre maîtriser un tel processus en rationalisant à outrance programmes, cursus et activités par un système fonctionnant économiquement et sans bavure, qui armerait les enseignants pour toutes les tâches, toutes les situations, tous les événements qu'ils sont appelés à rencontrer. Chimérique et mortifère.

A l'opposé, le modèle centré sur l'analyse se fonde sur l'imprévisible et le non-maîtrisable. Il postule que celui qui se forme entreprend et poursuit tout au long de sa carrière un travail sur lui-même en fonction de la singularité des situations qu'il traverse, qui est un travail de « destructuration -restructuration de la connaissance du réel », comme le dit Lesne *(99)*. Analyser ces situations sous leurs différents aspects pour en comprendre les exigences, prendre conscience de ses manques et de ses désirs, concevoir à partir de là un projet d'action aussi adapté que possible au contexte et à ses propres possibilités, c'est indissolublement investir sa pratique et se former, chercher les meilleures formes et se mettre en forme.

Cette pédagogie de l'analyse peut se définir par son objectif, qui est un objectif d'acquisition : savoir analyser. Mais il s'agit d'un apprentissage privilégié, celui qui commande tous les autres. Savoir analyser, c'est se mettre en mesure de déterminer les apprentissages à faire dans telle ou telle occurence. Ce n'est pas exactement « apprendre à apprendre », c'est apprendre à repérer ce qu'il convient d'apprendre.

On peut aussi caractériser cette pédagogie en termes de démarche : analyser des situations implicantes, c'est s'obliger à prendre du recul par rapport à elles, à s'en déprendre ; analyser ses propres réactions, c'est s'imposer une distorsion qui consiste à se regarder comme un autre, au total, c'est jouer le double jeu d'acteur et d'observateur. Démarche privilégiée, elle aussi, car le pli ainsi pris de ce double jeu informe la suite des autres démarches.

Analyser signifie ici, très généralement, repérer les composantes d'un ensemble, leurs interactions, leurs agencements de manière à appréhender leur structure et (ou) leur fonctionnement. Les types d'analyses auxquels on peut avoir recours dans le champ éducationnel sont multiples. Ils correspondent, dirait-on, à la pluralité des objets discernables dans ce champ : situations, institutions, pratiques, discours, comportements, technologies, programmes, etc. En fait, ces objets ou systèmes d'objets sont au contraire produits par le type d'analyse utilisé. Ils sont construits selon des référentiels et non donnés dans l'expérience. Les nommer, les définir, les situer dans des ensembles plus vastes, identifier leurs strates, leurs composantes, leurs dimensions, les rapporter à une origine, rendre compte de leur genèse, etc., se fait dans le cadre d'une théorie. Analyse organisationnelle, analyse institutionnelle, analyse systémique, psychanalyse, socio-analyse, sociopsychanalyse, analyse interactionnelle, analyse transactionnelle : les modes de lecture abondent. Chacun de ces types d'investigation de la réalité est à la fois voie d'accès, instrument de déchiffrement et appropriation symbolique. Le concept commun d'analyse qui, selon les cas, connote plus ou moins la psychanalyse, me semble signifier bien plus qu'une opération de connaissance : une production de sens, une ouverture à l'agir.

Sans doute, analyser n'est pas agir et l'analyse peut même devenir le refuge du voyeur, de celui qui répugne à assumer un engagement ou à prendre position.

On soutiendrait alors qu'une formation qui vise à accroître la lucidité est « un formidable instrument de décomposition », comme le fait Michel Jacquey à propos de la formation des travailleurs sociaux, car à ses yeux « dans cette profession, plus on gagne en lucidité ou en sens critique, plus on gagne en paralysie, en suspens et en inhibition[1]. »

Mais, si cette dérive s'observe, peut-elle être conjurée autrement que par l'analyse elle-même, prenant en compte cette attitude de retrait et les effets qu'elle engendre, sauf à admettre que la formation se fait sur le tas, par immersion dans le vécu professionnel, sans points de repère et sans référent.

---

1. M. Jacquey, « Pour la recherche d'alternatives dans le travail social », *Connexions*, n° 32, 1981, p. 75-84.

La connaissance de la réalité à investir est un moment nécessaire de toute formation. Pour l'enseignant en formation, c'est réunir toutes sortes d'informations sur le système scolaire, le comportement des élèves, etc. Mais cette accumulation d'informations, même organisées dans une tête bien faite, n'a pas en elle-même d'effet formateur, transformateur de la mentalité, des attitudes ou des conduites. C'est seulement avec l'exercice de l'analyse que commence le travail de la formation, parce que l'analyse est conjointement interrogation du réel et interrogation sur l'origine et la légitimité de cette interrogation et de la perspective dont elle relève. L'analyse engage à une double élucidation du réel objectif et de ce qu'il fait apparaître, qui est une problématique du désir et de l'investissement.

Vivre une expérience, effectuer une démarche est aussi un moment nécessaire du processus de formation. Mais le choc existentiel produit par une rupture ou un dépaysement, l'énergie mobilisée par l'exécution d'une tâche ou d'un projet n'a d'effets de transfert durables que si un travail d'élucidation donne lieu à des prises de conscience, à un remaniement des représentations et des attentes [1].

Dit autrement, la pédagogie centrée sur l'analyse fonde la formation sur une articulation de la théorie et de la pratique, dont le rapport est de *régulation*. Le va-et-vient entre la théorie et la pratique qu'ébauchait le modèle centré sur la démarche, et qu'il faisait coïncider avec l'alternance terrain — centre de formation, est ici intensifié et rythme le processus sur tous les lieux de la formation. Elle exclut que la pratique puisse être formatrice par elle-même, si elle ne fait pas l'objet d'une lecture à l'aide d'un référent théorique. Elle exclut aussi que l'on puisse accorder une valeur formative à une activité théoricienne qui vagabonderait trop loin des astreintes de la pratique. D'où, dans cette perspective, la propension à valoriser la formation continue, voire à contester l'utilité d'une formation initiale qui ne peut procurer avec la pratique que des contacts superficiels et factices.

Le formateur ici intervient constamment non au second, mais au troisième degré : sa préoccupation n'étant plus de faire acquérir des connaissances et des savoir-faire, sauf le savoir-analyser, ni de structurer un dispositif pour induire une démarche déterminée, sauf cette mise à distance de

---

1. Jean Maisonneuve montre à propos de l'intervention psychosociologique que la tendance maïeutique qui en appelle à l'analyse des situations par les acteurs a une fonction « transrégulatrice ». Les trois tendances qu'il distingue : orthopédique, démiurgique et maïeutique correspondent à peu près aux trois modèles de ma trilogie. (« Réflexions autour du changement et de l'intervention psychosociologique », *Connexions*, n° 3, 1972, p. 9-24.)

l'expérience que suppose l'analyse, son action porte sur les perceptions et les représentations des enseignants en formation, leur attention à saisir le sens et la dynamique des situations et à apprécier les effets de leurs interventions et de leurs attitudes.

Observant le fonctionnement des classes et des établissements, les pratiques pédagogiques, les attitudes des élèves et des enseignants, les procédures d'évaluation et les mécanismes de la sélection, les enseignants en formation s'entraînent à l'analyse clinique, à l'analyse sociologique et psychosociologique en même temps qu'à l'auto-analyse car chacune de ces approches renvoie aux désirs, aux présupposés, aux fantasmes de l'observateur.

Les interrogations sur les situations professionnelles et les interrogations sur soi-même ne vont pas sans engendrer de nouveaux besoins de connaissances et d'expériences. Elles relancent sans cesse l'évaluation de la formation en cours, la redéfinition de ses objectifs, l'analyse institutionnelle de son dispositif. Formation à l'analyse et analyse de la formation s'induisent réciproquement.

Dans ce modèle centré sur l'analyse, les enseignants ou futurs enseignants se mettent en mesure d'élaborer eux-mêmes les instruments de leur pratique et les moyens de leur formation.

*
* *

Acquisition de savoirs et de savoir-faire, expériences plus ou moins contrôlées et analysées : dans toute action de formation figurent ces trois éléments, mais selon des configurations variables qui leur confèrent respectivement des significations et des portées différentes. C'est ce que les trois modèles que je viens de décrire peuvent aider à repérer. Il m'est apparu que le processus pédagogique qu'ils schématisent était sous-tendu par une conception des rapports entre la théorie et la pratique : la pratique comme *application* de la théorie dans le premier cas, la théorie comme moment médiateur du *transfert* d'une pratique à une autre pratique dans le deuxième cas, la théorie fondant la *régulation* de la pratique dans le troisième cas.

Comme il est dit plus haut, le discours de la pédagogie ne se lasse pas d'articuler et de réarticuler la théorie et la pratique, de distendre et de resserrer le lien entre l'une et l'autre, souvent dans une très grande confusion. C'est tout particulièrement le cas lorsque le discours porte sur la formation des enseignants.

Toute formation passe par la théorie, tout dispositif de formation peut être dit théorique, voire abstrait.

La formation suppose une séparation d'avec la vie professionnelle dont elle suspend ou diffère le cours. En retrait, en décalage, en parenthèse, en dérivation, elle se développe dans une zone franche selon une finalité, un cadre et un objet qui lui sont propres.

Bien sûr, la *finalité* à long terme de la formation n'est autre que la finalité de l'institution. Ici, il s'agit de faire en sorte que les enseignants assument leurs tâches et leur rôle, disons : au mieux. Mais la formation ne concourt à cette finalité ultime qu'en se fixant une finalité transitive qui est le développement personnel de l'enseignant en tant qu'agent, ou plutôt acteur de l'institution, avant tout en tant que sujet. Étant en formation, l'enseignant ou le futur enseignant n'investit pas les choses de l'école de la manière dont il le fait ou le fera au long des années d'exercice. Il lui faut en priorité recueillir pour lui-même tout ce qui lui est donné à voir, à comprendre, à essayer, à vérifier, à évaluer d'une pratique provisoirement et partiellement mise à distance.

La séparation formation — vie professionnelle s'objective dans l'*espace-temps* de la formation aux contours nettement tracés. L'ailleurs de la formation s'inscrit dans ces lieux de pierre que sont les universités, les écoles normales, les instituts ou centres de formation, les châteaux banalisés pour les stages, les isolats plus ou moins éloignés des villes, mais aussi dans ces lieux institutionnels que sont les mouvements pédagogiques, les groupes ou les réseaux d'enseignants poursuivant un projet de formation. Dans le cas même où une action de formation se réalise sur le terrain au profit des enseignants d'un établissement, ce ne peut être qu'en délimitant un lieu, matériel ou symbolique, d'où les discours et les actes pédagogiques vont être entendus et regardés autrement que d'habitude.

Les limites temporelles sont tout autant constitutives de la situation de formation que les limites spatiales. L'abstraction gestionnaire mesure le temps de la formation en unités d'années, de mois, de journées et d'heures. Pour celui qui entre en formation et qui doit en sortir dans un délai fixé d'avance, ces limites circonscrivent un laps de temps affranchi des urgences et des imprévus, apparemment maîtrisable.

La formation sur le tas est un leurre, et la formation ne saurait être permanente. L'expression de formation permanente qui désigne la reprise intermittente du processus de formation au long de la carrière incite toutefois à penser que l'on se forme partout et toujours. Mieux vaut parler de formation en cours d'emploi.

L'espace-temps de la formation, cet ailleurs inactuel, situe la formation en extériorité radicale par rapport à la réalité professionnelle. Quels que soient les contacts avec le « terrain », les stages de sensibilisation dans les établissements scolaires, les stages d'application dans les classes et même les stages dits « en responsabilité » que comporte le cycle de formation, l'*objet* qu'investit la formation n'est pas la réalité professionnelle elle-même, mais cette réalité symbolisée, reconstruite dans la perspective et le cadre de la formation, saisissable et manipulable sous des formes schématisées ou réduites (parfois jusqu'à la caricature, comme dans le micro-enseignement).

C'est la consommation de cette rupture et cette alchimie transmutant les discours écrits et parlés, les expériences, les exercices qui est le travail de la formation. C'est déjà le travail de l'école, ici porté au second degré. Le moment théorique est le point culminant du trajet, celui qui fait exister la formation comme telle. Il n'y a pas formation quand l'apprentissage d'un métier ne dépasse pas le pragmatisme qui se contente de transmettre des recettes ni même quand il s'en tient à une praxéologie qui fixe des règles d'action en fonction d'une norme d'efficacité à plus ou moins court terme. On n'obtient dans ces deux cas qu'une conformisation tout juste bonne à assurer la reproduction des pratiques en vigueur, dont il est douteux qu'elles aient « fait leurs preuves », du fait même de leur persistance entre les mains de « maîtres chevronnés ».

Aline Jouy Chélim a montré dans une thèse récente comment une école de formation d'éducateurs, soucieuse d'être au plus près des terrains, finit « par essayer de se fondre aux terrains, disparaître dans l'espoir de renaître comme émanation des terrains (l'émanation étant le contraire de toute représentation comme de toute production dans la mesure où elle est un déni de toute séparation)[1]. »

Cela ne signifie pas que des expériences vécues sur le terrain professionnel, la participation active à une innovation, la prise en charge d'une classe « en responsabilité » soient à exclure d'un projet de formation ou n'aient aucune valeur formatrice. Il est indiqué plus haut que de tels épisodes n'entrent dans le processus de formation que pour autant qu'ils sont reconnus, réappropriés à ce titre, éventuellement après coup. Le moment de la théorie, c'est le saut dans un jeu, une fiction, le libre cours de la spécula-

---

1. A. Jouy-Chelim, *le Phénomène école à l'Éducation surveillée. Les paradoxes de la reproduction et de la représentation,* thèse de 3e cycle, dactylo., université de Paris-VIII, 1981, p. 230.

tion, comme le dit Freud, dans une incertitude qu'il juge nécessaire au développement ultérieur de sa pratique[1]. Le champ ainsi ouvert aux hypothèses, aux constructions hasardeuses, aux simulations s'interpose entre les pratiques éprouvées, connues, instituées, et les pratiques à venir, encore indiscernables, à peine imaginables, pour lesquelles il y aura lieu, le temps venu, d'entreprendre une démarche instituante.

Le va-et-vient pratique-théorie-pratique, action-savoir-action, si souvent évoqué comme la règle d'or de la recherche et de la formation, ne correspond pas pour autant à une notion claire. Parler de « *théorisation de la pratique* » et d'« *application pratique d'une théorie* » ne permet pas davantage de rendre compte ni du rôle que joue la théorie dans la maîtrise de la pratique, ni du type d'inspiration et d'impulsion que la théorie est censée trouver auprès de la pratique.

J'ai montré que la recherche dans son effort d'objectivité portant sur une pratique sociale développe un double rapport théorie-pratique : entre deux pratiques et entre deux théories. Car « la théorie est une pratique » — comme l'écrit Louis Althusser, qui veut ainsi marquer sa « relative autonomie »[2] —, dotée d'une technicité propre (règles logiques, formalisation des énoncés). D'autre part, la pratique implique une théorie implicite, plus ou moins naïve et plus ou moins cohérente. Le rapport entre les deux pôles pratiques ne pose que les problèmes pratiques de leur séparation et de leur rapprochement et du dosage entre l'une et l'autre, lorsqu'il est question de formation. C'est le rapport entre la théorie praticienne et la théorie théoricienne qui est le rapport critique sur lequel jouent la théorisation et l'application.

La théorisation n'est pas la construction d'une théorie avec des matériaux fournis par la pratique. Elle est dépassement de la théorie implicite de la pratique par la mise à jour de cette théorie et sa mise à l'épreuve dans un champ théorique qui lui est extérieur. C'est un travail sur le système de représentations qui sert de référence (et de justification) à la pratique en vue de l'ouvrir et de l'enrichir).

On peut en dire autant de la soi-disant application de la théorie à la pratique. Il n'y aurait que perversion de la pratique dans le recours à un savoir qui lui assignerait ses orientations, ses démarches et ses techniques comme

---

1. M. Mannoni, *la Théorie comme fiction, Freud, Groddeck, Winnicott, Lacan,* Paris, Seuil, 1979, p. 19.
2. L. Althusser, *Positions,* Paris, Éd. Sociales, 1976.

si les questions auxquelles elle est confrontée pouvaient trouver directement réponse en se soumettant à un modèle élaboré hors de son champ historico-social. Janine Filloux, dénonçant cette soumission à propos de l'application de la théorie psychanalytique à la pratique enseignante, note que son « risque majeur est d'encercler d'interdits la pratique éducative jusqu'à n'ordonner dans le champ social, méconnu comme tel, qu'une nouvelle idéologie de la pratique » (*144*, p. 35). Loin de donner au praticien les certitudes qu'il en espère parfois dans les affres de son métier, la théorie multiplie les doutes et les interrogations. On comprend qu'il en vienne souvent à la rejeter comme futile et irréaliste. Mais le recours à la théorie est au contraire découverte de nouveaux possibles, et non plus quête d'une légitimation et transhumance d'un modèle, si le praticien l'utilise pour prendre un recul vis-à-vis de ses propres représentations, de sa théorie spontanée.

4
Des visées transformatrices

S'il est vrai que la pratique ne produit elle-même aucune théorie et qu'aucune théorie en tant que telle ne saurait dicter à la pratique les choix qu'elle doit faire, il y a lieu de s'interroger sur le trajet de la formation entre théorie et pratique, sur ce qu'il en est d'une formation théorique.

Je le ferai en repérant à l'horizon pédagogique quatre approches de la formation des enseignants qui contribuent, chacune à sa manière, à en transformer les pratiques et la problématique : l'approche fonctionnaliste, l'approche scientifique, l'approche technologique et l'approche situationnelle.

Il s'agit d'approches dont les ancrages et les épistémologies sont divers, qui ont développé leur expérience et approfondi leur problématique dans leur contexte propre, non sans se confronter à certaines occasions et s'influencer réciproquement [1]. A ces approches correspondent quatre types de discours sur la formation des enseignants qui tirent leur légitimité de constats et d'exigences disparates : les transformations de la fonction enseignante, les progrès du savoir sur l'éducation, l'irruption des nouvelles technologies, le développement des pratiques psychosociologiques.

---

[1]. Grâce à diverses publications, et surtout à une suite de rencontres : Congrès international des sciences de l'éducation (Paris, 1973) ; Journées d'études sur la formation des enseignants et des animateurs (Nancy, 1975) ; Comité de liaison des universités pour la formation des enseignants (1976-1978) ; Colloque sur l'utilisation de la recherche dans la formation des enseignants et des animateurs (Rennes, 1978) ; Université pédagogiques d'été sur la formation des enseignants (Rouen, 1977, Toulouse, 1978, Grenoble, 1978) ; Colloque sur la formation des enseignants de l'Institut des sciences de l'éducation de Paris-X-Nanterre (1979).

Il est à noter que ces discours s'apparentent par leur visée novatrice, ou rénovatrice, sinon révolutionnaire. Ils sont construits sur le clivage entre un état de choses traditionnel et désuet et son obsolescence précipitée par l'avènement de potentialités prometteuses, entre un avant et un après. Là se retrouve le thème du changement dont j'indiquais l'ambiguïté : les choses inévitablement changent, et il faut changer. L'innovation est doublement appelée par des limites contraignantes et par une liberté à conquérir.

Chacune de ces approches est également confrontée à l'isomorphie caractéristique de la formation des enseignants. L'organisation pédagogique, ou la méthodologie, ou le matériel, ou le mode de contrôle utilisé dans le dispositif de formation est potentiellement (mais on peut dire : toujours en quelque manière) un modèle, un objet d'apprentissage pour la pratique enseignante : formation *par* est aussi formation *à* (l'audiovisuel, la pédagogie par objectifs, la dynamique de groupe, etc.).

1. L'APPROCHE FONCTIONNALISTE

J'appelle *fonctionnaliste* l'approche qui s'emploie à construire une pédagogie de la formation des enseignants, déductivement, à partir d'une analyse des fonctions de l'école dans la société. La démarche apparaît banale, à la fois légitime et nécessaire : un projet de formation ne peut s'expliquer et se justifier qu'en rapport avec ce que la société attend de l'école, donc de ses enseignants. Ces considérations prennent un surcroît d'importance dans une conjoncture où le procès de l'école est ouvert, où son fonctionnement, ses finalités, les contenus transmis et le principe même de son existence sont mis en question. Mais, ce que l'enseignant doit faire, ce qu'il doit savoir, ce qu'il doit être, ce pour quoi il doit se former dans cette école qui fonctionne mal (ou qui fonctionne trop bien), dans cette société providentielle et aliénante, relève de deux débats, l'un politique, l'autre technique. Faisant le constat de l'impossibilité d'un consensus politique sur les finalités de l'école, l'hypothèse fonctionnaliste s'en tient au problème technique. La recherche d'une optimisation du fonctionnement de l'école en termes de rendement et d'efficacité est supposée valoir quelle que soit la perspective politique, ou plus largement le système de valeurs auquel on peut se référer. Nombre de diagnostics portés sur l'école adoptent ce parti pris de technicité, en se situant en-deçà ou au-delà du débat politique.

On l'avait déjà vu dans les années soixante où se propagaient les thèmes de l'explosion scolaire, de la priorité à l'éducation, de la transformation du système éducatif sous l'effet de la croissance économique et de ses conséquences technologiques, sociales et culturelles. Les prophètes ne manquaient pas[1]. Des technocrates réformistes tendaient la main aux idéologues révolutionnaires pour construire des lendemains chantants, ouvrir l'école, faire advenir l'enseignant « éducateur ». Ce fut ensuite, avec le désenchantement des années soixante-dix, la rationalisation des actes éducatifs, traités en termes d'économie et de management. L'école considérée comme une organisation à l'instar de l'entreprise doit s'organiser en améliorant sans cesse ses coûts et ses performances selon des critères d'efficacité et de rentabilité.

La gestion économique d'un pays apparaît ainsi tributaire de son système d'enseignement et particulièrement du type de formation conçu pour ses enseignants. A preuve, l'effort important déployé depuis une dizaine d'années par l'Organisation de coopération et de développement économique pour analyser les tâches et les rôles des enseignants des pays membres, leurs modes de recrutement, leur formation, leurs attitudes « face à l'innovation ». Les études et les colloques auxquels il a donné lieu sont destinés à éclairer les décideurs sur « les politiques à mener vis-à-vis des enseignants », le mot de politique ayant ici un sens gestionnaire, débarrassé de ses résonances idéologiques. L'O.C.D.E., selon Pierre Laderrière, « n'impose pas de solution particulière. Elle propose des méthodes aussi diverses que possible. » *(77, p. 59)*. Elle n'en structure pas moins ses constats et ses analyses selon la problématique du management qui privilégie les notions de clarification et de participation. La clarification des objectifs opérationnels du système éducatif n'est d'ailleurs pas chose aisée, car « elle se heurte souvent à l'incertitude ou à la généralité des finalités mêmes de l'enseignement » *(ibid.)*, et pour qu'un enseignant « produise des élèves participatifs, coopératifs et intéressés », beaucoup de conditions doivent être remplies, tant au niveau de sa formation que de sa pratique[2].

Quoi qu'il en soit, la pédagogie par les objectifs traduit concrètement au niveau de l'acte pédagogique cette double préoccupation de clarification et

---

1. De Louis Cros, (*l'Explosion scolaire*, C.U.I.P., 1961) et Louis Armand et Michel Drancourt (*Plaidoyer pour l'avenir*, 1961) à Gaston Berger (*l'Homme moderne et son éducation*, P.U.F., 1962), à André Grandpierre (*Une éducation pour notre temps*, Berger Levrault, 1983), etc.

2. Cela ne signifie pas que les travaux effectués par l'O.C.D.E. ou effectués par des experts sollicités par l'O.C.D.E. portent la marque de ce fonctionnalisme.

de participation. L'identification des buts et des objectifs en rapport avec les finalités qui les commandent, leur hiérarchisation, la détermination des stratégies pour les atteindre s'imposent manifestement à qui met en œuvre un projet de formation. La participation active des sujets en formation à la détermination des objectifs, à l'inventaire des ressources, au choix des stratégies et à l'évaluation des acquisitions recherchée comme un entraînement à l'initiative et à la décision, relève d'une rationalité tout à fait raisonnable.

Mais ce projet, perdant sa dimension imaginaire[1] risque de se réduire à un programme et de rétrécir son champ de significations à l'énoncé de critères d'évaluation. L'entrée par les objectifs pousse à son point extrême la logique d'une pédagogie des *acquisitions,* comme on le voit avec le *C/PBTE* évoqué plus haut : elle comporte l'atomisation de l'acte pédagogique en unités de performance ou de comportement observable, réputées constitutives d'une compétence, la prééminence de l'évaluation codifiée sur le processus d'appropriation, le refoulement du non-rationnel, la limitation de l'initiative des formés à l'intérieur d'une structure préconstruite. Sans aller jusqu'à cette opérationnalisation insensée, l'émiettement des actions de formation en modules ou en unités de formation, telles qu'elles sont actuellement pratiquées dans les écoles normales, s'inscrivent dans cette tendance. Le cursus de formation y devient une course d'obstacles qui laisse peu de chance de s'accomplir à ce processus de développement personnel que j'ai désigné comme l'essence même de la formation. Cadre maîtrisable, vérifiable, la pédagogie de la formation par les objectifs se prête évidemment mieux que d'autres à la gestion technocratique d'un système de formation. On peut penser que c'est la raison du succès de ce type de pédagogie auprès de beaucoup de responsables pédagogiques.

Toutefois, l'entrée par les objectifs prend un autre sens si on l'envisage délibérément dans la perspective d'une formation centrée sur la *démarche.* Ce n'est plus alors l'efficacité d'une suite d'appentissages ponctuels qui est visée, mais l'entraînement à un effort de rigueur, à la coopération pour le partage d'une tâche, et le souci de contrôler une action par des *feed-back* répétés. Je rejoins ici la conclusion de Daniel Hameline : « Rationaliser les apprentissages peut être la pire des mises au pas modernistes. Ce peut être aussi, pour le compte de chacun et de tous, une occasion modeste et salubre d'un simple exercice de la Raison. » (*127,* p. 190).

Le débat sur ce point se poursuit aux États-Unis depuis plus de dix ans. Il oppose les tenants d'un modèle de formation des enseignants centré sur le

---
1. C. Castoriadis, *l'Institution imaginaire de la société,* Paris, Seuil, 1975.

niveau de compétence (« métaphore des affaires et de l'industrie ») aux tenants d'une formation dite « humaniste » centrée sur la personne (« métaphore de croissance et de développement »). Faisant le point sur ces tendances, J. Myron Atkin et James D. Ruths, dans l'étude qu'ils ont faite pour l'O.C.D.E., appellent les enseignants en formation au dépassement de ces points de vue dans « un apprentissage d'un autre ordre : l'aptitude à réfléchir sur leur propre attitude, mais aussi sur les postulats sur lesquels repose leur attitude » dans un travail d'« analyse réfléchie » *(19)*.

De cette pédagogie fonctionnaliste, Francis Imbert montre que « tout l'édifice qu'elle élabore : fins, buts, objectifs intermédiaires, objectifs traduits en comportements observables, micro-objectifs, repose sur une base qui risque d'échapper à toute rationalisation[1]. » Aucune rationalisation ne permet en effet d'éviter cette analyse réfléchie sur les options et les valeurs qui sous-tendent toute conception de la formation, y compris celle des « experts ».

2. L'APPROCHE SCIENTIFIQUE

L'approche qui se dit *scientifique* de la formation des enseignants appelle d'emblée le même type de réserve que l'approche fonctionnaliste, du fait que son discours surplombe les pratiques de formation et entend les légitimer selon ses critères et ses procédures.

Personne ne conteste que les savoirs sur l'éducation élaborés par diverses sciences que l'on désigne comme sciences de l'éducation sont de première importance pour la formation des enseignants. Elles s'imposent à un triple point de vue : comme ensemble de *connaissances* acquises sur le fait éducatif (ses conditions, ses processus, ses implications, ses enjeux), comme *démarches* méthodologiques et épistémologiques (expérimentales, cliniques, herméneutiques) et comme référents théoriques auxquels correspondent autant de modes d'*analyse* (systémique, psychanalytique, etc.).

En un sens, c'est ce que dit Antoine Léon : « Parler de formation scientifique des enseignants, c'est d'une part, enrichir le contenu de cette formation grâce aux apports les plus récents et les plus valables des sciences humaines, et d'autre part, susciter et développer chez les intéressés une atti-

---

[1]. F. Imbert, « les Equivoques du changement, nouelle pédagogie et management », *Actes du Colloque sur la formation des enseignants,* Université de Paris-X-Nanterre, 1980, p. 138-141.

tude expérimentale grâce à laquelle le praticien, mieux informé des conditions et des conséquences de son action, se trouverait en mesure de hiérarchiser les sources et ses difficultés, ce qui le conduirait à mieux dominer sa tâche et, d'une certaine manière, à mieux s'approprier le fruit de son travail. » (*152*, p. 414). Mais la notion de formation scientifique est équivoque : elle se rapporte à des contenus (contenus scientifiques de la formation, disciplinaires, et contenus scientifiques concernant l'éducation), mais elle laisse entendre en même temps qu'il y a « promotion scientifique de la formation professionnelle des enseignants ». Le mot est de Maurice Debesse, cité par Léon (*152*, p. 423).

Or, en aucune façon, le recours aux sciences de l'éducation ne confère à la formation en tant que processus un caractère scientifique. J'ai dit déjà sur quelle confusion reposait une telle affirmation. En aucune façon, l'appropriation de connaissances, de démarches et de modes d'analyse propres à diverses sciences humaines ne fait accéder les enseignants en formation à une maîtrise de leur action pédagogique qui pourrait être qualifiée de scientifique. Ajoutons trois choses :

Dans les textes de Léon et de Mialaret, scientifique et expérimental sont assimilés l'un à l'autre. L'« attitude expérimentale » ou l'« attitude objective » à laquelle ils souhaitent sensibiliser les enseignants en formation peut s'entendre comme une disposition à essayer, à contrôler les effets de son action, à relativiser, à faire des analyses critiques. Mais il est clair que pour eux n'existe qu'un type de scientificité qui est celui de la méthode expérimentale — modèle Claude Bernard — avec variables, hypothèses, « administration de la preuve ». Ce modèle, qui n'est déjà pas le seul modèle utilisé par les sciences de la nature, est encore moins le seul modèle valable dans le champ des sciences humaines.

En ce domaine, toute attitude, même celle qui est appelée ici expérimentale ou objective, est d'abord subjective. Paradoxalement, l'effacement du sujet, la prise de distance pseudo-ethnologique vis-à-vis des situations et des pratiques, le parti pris de se situer hors du champ observé, loin de corriger les effets de la subjectivité et de l'idéologie dont elle est porteuse, les accroît par la méconnaissance où ils sont maintenus. C'est au contraire quand l'observateur peut exprimer et expliciter ses perceptions, ses désirs, ses présupposés, entrant ainsi lui-même dans le champ de l'analyse que s'effectue le travail de discernement et d'objectivation, comme l'a montré Ruth Kohn *(196)*.

L'idée d'une formation scientifique des enseignants est sous-tendue par le mythe d'une science qui a potentiellement réponse à toutes les questions que l'enseignant rencontre dans sa pratique. Sans doute cette adéquation de la science et de l'action, de la théorie et de la pratique, conçue sur le mode de l'application, n'est pas actuellement réalisée : « il y a "retard", "décalage", voire "contraste" ou "contradiction entre les nécessités ou les effets de l'approche scientifique et les exigences et les modalités de la pratique" » (*152*, p. 409). C'est ce retard, « l'état actuel de leur développement » qui empêche les sciences humaines d'apporter ces réponses.

On suppose ainsi qu'en droit, sinon en fait, la vérité du praticien est détenue par le scientifique. Le problème étant implicitement posé de cette façon, il n'est pas étonnant qu'on en vienne, comme s'en plaint A.M. Huberman, « à dénigrer les apports théoriques ou scientifiques par rapport à l'expérience brute de l'enseignant[1]. »

Or, c'est justement l'écart entre la science (psychologique, sociologique ou autre) et l'action éducative qui est générateur de sens. Plus exactement, c'est l'écart entre la représentation théorique construite par une science, par exemple les stades du développement de la pensée logique, ou le modèle systémique, ou la reproduction de la division du travail social, représentation qui est à la fois réductrice, signifiante et anticipatrice, et la représentation des situations complexes et multidimensionnelles qui s'élabore dans le champ de la pratique.

Entre l'hypothèse explicative ou interprétative, cet « invisible simple » et ce « visible compliqué » dont parle Jean Perrin[2], qui fuse en tous sens, s'instaure un jeu d'ouverture et de fermeture, d'adéquation et de débordement qui relance le questionnement de manière récurrente. On peut donc penser que le développement des sciences humaines ne fournira pas tant de réponses aux questions qui surgissent dans la pratique qu'il n'en suscitera de nouvelles.

S'il en est ainsi, l'intervention des sciences de l'éducation dans la formation des enseignants ne doit être envisagée ni comme un label scientifique de la formation, ni comme l'acquisition d'un corps de connaissances applicables à la pratique pédagogique, mais comme un ensemble de médiations diversement utilisables pour percevoir et comprendre les multiples aspects du drame éducatif, donner sens à un projet, contrôler les effets d'une méthode ou d'un dispositif. C'est donc plutôt dans l'optique d'une pédagogie de la

---

1. A.-M. Huberman, « l'Evolution de la formation américaine », in *Traité des Sciences Pédagogiques* de M. Debesse et G. Mialaret, tome 7, *Fonction et formation des enseignants*, Paris, P.U.F., 1978, p. 315-339.

2. Cf. préface *les Atomes*, par J. Perrin, Paris, Plon, 1936.

démarche et dans celle d'une pédagogie de l'analyse que l'apport des sciences de l'éducation à la formation des enseignants se justifie, et même s'impose. D'une part, l'initiation à des problématiques et à des méthodologies diverses (historiques, sociologiques, ethnologiques, linguistiques, etc.), notamment par la participation à des recherches, engage à des détours propres à enrichir la perception du champ pédagogique (modèle 2). D'autre part, l'utilisation de systèmes de concepts et de langages distanciés, en décalage par rapport à ceux de la praxéologie pédagogique, est inhérente au travail d'analyse que le troisième modèle pose comme objectif et moyen de la formation. Ces deux perspectives se combinent dans les recherches-actions qui peuvent associer praticiens, enseignants en formation et chercheurs pour l'analyse de pratiques novatrices visant conjointement des objectifs de transformation de ces pratiques, de formation et de production d'un savoir.

3. L'APPROCHE TECHNOLOGIQUE

L'approche *technologique* apporte une contribution très signifiante à la formation des enseignants, du fait même de ses ambiguïtés. Ces ambiguïtés deviennent de plus en plus manifestes avec la sophistication croissante des techniques utilisées et les progrès de la recherche sur les implications et les modalités de leur utilisation. Toute pratique pédagogique utilise des moyens techniques d'information et de communication (media et supports de l'exploration, de l'expression, de la transmission) propres à un type de culture : le papyrus, l'imprimé, la photographie, etc. Ce n'est pas seulement le recours à ces outils mais aussi l'organisation des tâches et la définition des rôles qu'ils supposent et l'eventail plus ou moins ouvert des stratégies qu'ils permettent qui sont constitutifs d'une technologie éducative. C'est dire que l'adoption de moyens techniques, quels qu'ils soient, fait toujours problème pour la réalisation d'un projet pédagogique, que les facilitations qu'ils procurent ne vont pas sans des restrictions et des détournements qui peuvent en changer le sens. On se souvient de la querelle des manuels, ou de celle du stylo à bille.

Toutefois, les technologies nouvelles, spécialement l'audiovisuel et l'informatique, depuis leur entrée dans le champ de la pédagogie, bousculent sa dramaturgie et suscitent des engouements et des peurs à la mesure de leur puissance et de la richesse de leurs ressources, qu'on peut dire proprement inimaginables. En menaçant la pédagogie artisanale dans ses postulats et ses habitudes les plus ancrées, en plaçant les enseignants et les responsables pédagogiques devant des « obligations de choix » concernant les investissement en matériel, les modèles pédagogiques, et jusqu'aux objectifs, sinon aux finalités même de l'enseignement, comme le souligne Monique Linard[1], elles fonctionnent comme des analyseurs particulièrement efficaces. Dans les lieux de formation des enseignants, cette fonction d'analyseur des nouvelles technologies s'exerce doublement, au niveau de l'acte d'enseignement qui est l'objet de la formation, et au niveau du dispositif de formation.

Les ambiguïtés quasi paroxystiques des technologies avancées ont été souvent mises en évidence[2]. C'est parce qu'elles allient un maximum de contraintes à un maximum de liberté que leur adoption concrétise et intensifie le procès pédagogique dont je disais plus haut qu'il se débat entre l'instrumental et la dramatique :

— Un matériel coûteux, encombrant, exigeant des soins, de l'entretien, des réglages, mais donnant le pouvoir de capter à sa guise toutes sortes d'informations, d'images, de situations, de les amplifier, de les reproduire, de les fixer, de les rapprocher[3].
— Des machines enregistreuses neutres, témoins objectifs qui livrent des messages expressifs et signifiants, marqués par la sensibilité et l'idéologie de celui qui les a produits.
— Une technologie réductrice et sélective dans ses usages démonstratifs et rationalisants, mais qui peut au contraire s'ouvrir largement à une démarche exploratoire, associer l'imaginaire à la réalité, faire rêver.

Aussi voit-on que les expériences et les recherches développées en France depuis une dizaine d'années ont conduit à changer les modes d'utilisation des techniques nouvelles dans la pratique de la formation des enseignants, tandis que la problématique de la formation se transformait profondément. Pour ne parler que des moyens audiovisuels utilisés pour la formation pédagogique des enseignants ou des futurs enseignants, cette évolution

---

1. M. Linard, compte rendu de l'atelier 7, « L'avènement des nouvelles technologies et la formation », *Actes du Colloque sur la formation des enseignants,* Université de Paris-X-Nanterre, 1980, p. 169-183.
2. Voir par exemple, L. Porcher, F. Mariet, *Media et formation d'adutles,* Paris, E.S.F., 1976. Voir aussi *167, 174.*
3. Les contraintes technologiques deviennent insupportables quand elles sont imposées délibérément et systématiquement comme contraintes au changement, obligation d'innover.

est spectaculaire. Elle part d'une conception instrumentale qui vise à moderniser les conditions des *apprentissages* et à en accroître le rendement pour déboucher sur une conception « opérative » *(175)* qui intègre l'audiovisuel à une *démarche de formation et en fait un outil d'analyse* à plusieurs fins. S. Maire et G. Motet proposent une typologie des modèles de formation par l'audiovisuel qui converge de manière frappante avec celle dont j'use ici. Ils distinguent :
— la fonction didactique (informations par télé-enseignement, utilisation d'un film dans un cours) ;
— la formation expressive (expériences de pratiques sémiotiques visant une appropriation par les formés du langage audiovisuel à travers les productions personnelles et collectives) ;
— la fonction d'investigation (centration sur l'analyse dans des procédures d'autoscopie, d'hétéroscopie, de micro-enseignement et d'autres simulations) *(175)*.

L'articulation de la théorie et de la pratique est ici mise en lumière. C'est bien l'audiovisuel en tant que pratique qui est le moteur de cette évolution. Par la concrétisation et l'accentuation des postulats du projet pédagogique auquel on le fait servir, par le jeu de maîtrise et de pouvoir qui l'accompagne, par la rutpure qu'il accomplit avec les pratiques traditionnelles. Mais c'est ailleurs, dans les options prises dans le cadre d'une théorie de l'action éducative qu'il faut chercher le sens donné à ces infléchissements ou à ces retournements. L'audiovisuel est un analyseur, mais non un analyste ni un concepteur de projet. Les premiers films représentant des séquences de leçons faites par des maîtres d'application ou de leçons d'essai faites par les élèves-maîtres n'avaient pas d'autre intérêt aux yeux mêmes de leurs réalisateurs que de faciliter l'observation de la classe : économie de déplacements, élimination des temps morts, possibilité de répéter la projection. Le comportement du maître était apprécié par rapport à une norme préétablie. L'élève-maître en se revoyant en action sur l'écran était invité à prendre conscience de ses erreurs, avec l'aide du professeur de psychopédagogie ou du directeur de l'école normale (comme on peut le voir sur l'un des premiers documents de ce type réalisé par le centre audiovisuel de Saint-Cloud). Mais, peu à peu, avec les équipements de télévision et d'information du « Comité de coordination des actions de formation des professeurs d'école normale aux emplois des techniques modernes d'éducation » en 1973, qui avait été préparé par des actions du C.A.V. de Saint-Cloud et de l'O.F.R.A.T.E.M.E., d'autres modes d'utilisation de l'image, d'autres conceptions de l'observation, une forme nouvelle de la formation sont apparus. L'attention s'est portée davantage sur le processus de prise de son et d'image que sur le produit fini.

Facilité par la mobilité de la caméra vidéo, il est devenu au moins aussi significatif de s'interroger sur les choix faits par l'opérateur-observateur que sur la valeur du modèle présenté[1]. L'avancée dont témoignent les comptes rendus des rencontres inter-académiques et les autres publications du C.C.E.N. se fait vers une pédagogie de la démarche qui en même temps privilégie l'analyse. Les élèves-instituteurs sont conviés à construire leur projet de formation à partir de diverses expériences et de mises en commun de leurs observations et de leurs réflexions. L'un des itinéraires proposé est jalonné par des moments d'analyse : enregistrement de situations pédagogiques, analyse de l'enregistrement par groupes avec enregistrement de la séance, analyse de contenu du discours, analyse des besoins de formation, établissement d'un plan de formation[2]. L'idée force sous-jacente à cette valorisation de l'analyse, des contenus de discours, des besoins, des finalités éducatives est que pour s'accomplir comme une démarche personnelle, parfois appelée autoformation, la formation ne doit pas être astreinte à des modèles préfabriqués, ni à des programmations imposées. Il faut que chacun en détermine les objectifs et le parcours à partir de ces multiples analyses pour lesquelles l'outil vidéo apporte son secours.

Aussi le micro-enseignement, pris dans cette logique, ne peut-il être accepté sous la forme classique où il s'est pratiqué aux Etats-Unis *(161)*. S'il apparaît comme l'unique tentative qui se soit proposée pour assurer un entraînement systématique à maîtriser l'acte d'enseignement, la conception de la formation dont il est porteur, étroitement behavioriste et modélisante, est aux antipodes de celle qui inspire le courant des audiovisualistes

---

[1]. Nous avons réalisé en 1968 pour la télévision scolaire un film sur « La discussion de groupe dans la classe » qui montrait en trois épisodes l'introduction de séances de discussion par petits groupes avec des élèves d'une classe de troisième pratique du lycée de Sèvres. Notre intention était de faire apparaître la possibilité et les ressources d'un dispositif pédagogique peu connu et peu pratiqué jusqu'alors. La réalisation de ce film qui induisait un processus de changement affectant le fonctionnement du groupe-classe, du rapport entre les élèves et le professeur, constituait une intervention au sens psychosociologique du mot. Les séances préparatoires, les entretiens pendant les trois jours du tournage, les séances d'évaluation et de facilitation du retour à la quotidienneté après cet épisode qui avait été vécu comme traumatisant et exaltant, ont constitué la part la plus intéressante de cette expérience.

La plus intéressante pour nous, mais aussi pour le professeur et les élèves de cette classe et finalement auss pour les groupes d'enseignants auxquels le film a été présenté. Leurs questions ont porté bien davantage sur le processus qui s'est développé dans la classe à l'occasion du tournage que sur le contenu du film.

[2]. M. Fauquet, « Autoscopie collective et analyse des besoins en formation », *Media, Revue des techniques modernes d'éducation*, n° 75-76, déc. 1975, p. 9-10.

des écoles normales. On cherche donc à l'intégrer dans une perspective de formation globale où il peut prendre une valeur prospective (et non plus étroitement corrective). Il n'est plus alors pratiqué essentiellement en vue de l'acquisition ou du perfectionnement d'une série d'habiletés, mais comme le support d'une démarche individuelle et collective dont il s'agit d'analyser les conditions situationnelles et institutionnelles[1].

Monique Linard et Irène Prax ont expérimenté à l'Université de Nanterre une pratique du micro-enseignement qui met l'accent sur le travail de groupe de style coopératif auquel il peut donner lieu, avec manipulation des appareils par les enseignants en formation, animation centrée sur la tâche et sur le groupe. C'est une pédagogie de la démarche qui, en ménageant un espace transitionnel, vise à une autonomisation des participants vis-à-vis du dispositif et vis-à-vis des formateurs *(174)*.

Le micro-enseignement est ainsi délibérement perverti. Conçu selon la logique des acquisitions qu'il porte à son maximum de rationalité et de fermeture, il devient dans les écoles normales et à Nanterre un « instrument polémique[2] », inducteur d'une démarche affranchissante et source d'analyses multiréférenciées[3].

C'est dans la ligne de cette évolution que s'inscrit la création récente des Laboratoires d'essais pédagogiques (L.E.P.) dans certaines écoles normales. Le texte diffusé par la Direction des écoles ouvre la voie à une conception de la formation des enseignants qui, pour le moment, est contredite par le système des trente « unités de formation ».

« Le L.E.P. repose sur une certaine conception de la formation des enseignants selon laquelle l'acte pédagogique s'acquiert et se construit autrement que par le simple enregistrement d'informations théoriques ou la simple imitation de pratiques confirmées. Apprendre par l'action et par la réflexion sur l'action avec l'aide du regard des autres est le principe essentiel qui donne au L.E.P. sa signification et sa place dans la formation des enseignants. Et cette place pourra devenir centrale dès lors qu'on acceptera de centrer davantage la formation sur la construction et

---

1. Danielle Zay a retracé cette évolution dans un document récent « l'Audiovisuel, facteur d'innovation dans la formation des enseignants », Centre audiovisuel de l'E.N.S. de Saint-Cloud, document ronéo, 1981.
2. Mottet, *Bulletin de liaison du C.C.E.N.,* n° 5, 1978.
3. « l'Intégration du micro-enseignement dans la formation », Séminaire national de Toulouse, 1978, in *Bulletin de liaison du C.C.E.N.,* n° 5, 1978, p. 133.

l'analyse, par les enseignants eux-mêmes, de leurs propres essais pédagogiques [1] ».

4. L'APPROCHE SITUATIONNELLE

Les approches fonctionnalistes, scientifiques et technologiques abordent le processus de formation en extériorité. Dans leurs problématiques, les enseignants en formation continue ou les futurs enseignants en formation initiale, les « formés » comme on dit, sont désignés comme objet de l'action de formation. Ils sont parfois reconnus dans leur qualité de sujets, de sujets individuels désirants et actifs, mais non comme sujet de la formation, c'est-à-dire sujet du discours de la formation, support et point focal de toutes les significations qui s'y rapportent.

C'est le sujet de la formation ainsi entendu qui est au centre de l'approche situationnelle.

J'appelle *situationnelle* toute approche qui développe une problématique de la formation fondée sur la relation du sujet aux situations (éducatives) dans lesquelles il est engagé, y compris la situation de sa propre formation. La relation à une situation implique tout à la fois une position dans sa structure spatio-temporelle et son champ institutionnel, et une part prise au jeu des interactions qui s'y déroule, au drame éducatif, avec ses péripéties, ses ambiguïtés, ses retentissements sur les acteurs.

La perspective situationnelle relève d'une rationalité qui ne se limite pas aux aspects fonctionnels de la pratique enseignante, mais qui inclut aussi l'expérienciel. Elle prend en compte les dimensions multiples du vécu, avec ses composantes individuelles et collectives, psychologiques et socio-politiques, ses processus manifestes et inconscients.

C'est dire que la formation dans cette perspective est indissolublement personnelle et professionnelle, puisqu'il s'agit avant tout et essentiellement d'aborder des situations professionnellement définies et personnellement assumées, des situations dans lesquelles les capacités de sentir, de comprendre et d'agir de l'enseignant sont aux prises avec les exigences du rôle et les réalités du champ éducatif.

S'interroger sur la formation en termes de relation aux situations éducatives, c'est la disposer dans une zone de turbulence, là où interfèrent réalité

---

[1]. Media-Formation, Document d'étude L.E.P., avril 1980.

et subjectivité. Une situation est une réalité transcendante au sujet, irréductible à la connaissance qu'il peut en prendre : elle est objet d'exploration jamais terminée. Elle est d'autre part objet d'investissement, régulable, modifiable, mais jamais totalement maîtrisé. Bref, elle est objet d'expérience, non au sens de l'expérience que l'on possède (un savoir-faire rôdé par l'ancienneté d'une pratique), ni au sens de l'expérience que l'on fait (une modification provoquée pour obtenir un effet nouveau), mais au sens que lui donne Dewey, d'une investigation existentielle, à la fois épreuve et action [1]. Carl Rogers a repris et enrichi cette notion deweyienne d'expérience. Son apport le plus décisif à la théorie de la formation est l'idée que l'apprentissage, « cette pénible réorganisation » (*209*, p. 23), ne s'effectue que lorsqu'il est significatif par rapport à l'expérience du sujet. L'expérience ainsi entendue est subjective-objective, car « ce qui est le plus personnel est aussi le plus général [2] ».

Cette expérience n'est autre que la pratique, à condition d'inclure dans la pratique non seulement *les* pratiques didactiques et pédagogiques plus ou moins techniciennes, mais l'ensemble des conditions où s'exercent ces pratiques : le cadre institutionnel, l'environnement matériel et social.

Le travail de la formation ne se borne pas alors pour le sujet à s'approprier des pratiques pour être en mesure de les reproduire, à s'entraîner à des habiletés, à se familiariser avec des méthodologies : il consiste plus fondamentalement à élargir, à enrichir, à élaborer son expérience, à accéder par le détour de la théorie à de nouvelles lectures des situations. Ainsi, remettant à un second temps le souci de l'effectuation des tâches, ce type de formation s'oriente d'abord vers l'appréhension et la compréhension du drame éducatif dans lequel l'enseignant joue un rôle prescrit, dans un cadre donné, avec sa personnalité singulière. Il lui est demandé :
— d'acquérir une connaissance des structures et du fonctionnement de l'école dans la société présente, des enjeux individuels et sociaux de l'éducation ;
— de s'éprouver dans sa relation avec les élèves, avec les collègues, avec les parents, avec l'inspecteur, etc., dans son rapport à l'enfance, à l'adolescence, à l'autorité, dans les fonctions qu'il assume comme transmetteur de connaissances, éveilleur d'intérêts, animateur de groupe, évaluateur, sélectionneur ;

---

1. J. Dewey, *Expérience and Education,* New York, Macmillan CO, 1938.
2. Cf. *209*, p. 24. Voir aussi l'analyse que fait André de Peretti de la notion d'expérience chez Rogers : *Pensée et vérité de Carl Rogers.* Toulouse, Privat, 1974, p. 147-158.

— de comprendre ce qu'il fait, ce qui se fait à travers lui, de quelles représentations sociales il est porteur, comment il se prête et comment il se refuse au jeu institutionnel, quels sens secrètent ses comportements, ses représentations, ses désirs.

De multiples moyens peuvent être employés : des observations, des lectures, des échanges, mais une telle approche de la formation tend à privilégier les mises en situation délibérément aménagées et de toute façon la prise en compte des aspects situationnels de toute démarche d'apprentissage, selon le principe de l'isomorphisme.

Le privilège du petit groupe qui prévaut dans tous les secteurs de l'éducation des adultes s'inscrit dans cette perspective. Le petit groupe présente des avantages fonctionnels évidents par rapport à la classe ou à l'amphi : proximité de l'enseignant (ou du formateur), contrôle plus aisé de la démarche des participants. Mais l'aspect situationnel est au moins aussi important : participation à une aventure collective, intensité des interactions entre participants, facilités d'observation et d'analyse. En même temps qu'une structure pédagogique particulièrement maniable, le petit groupe est le lieu d'une expérience maîtrisable et élucidable, portant sur la communication, la relation aux autres, le conflit et la coopération, la prise de décision, le désir aux prises avec la règle.

Le recours aux simulations (jeu de rôle, psychodrame, sociodrame) relève, pourrait-on dire, d'une didactique situationnelle où, sous le couvert de la fiction, les situations librement imaginées et mises en actes se prêtent à la dramatisation, à l'observation et à l'analyse.

Mais là aussi, comme pour les autres approches, le processus de formation prend un cours et un sens différents selon le modèle qui sous-tend la pratique pédagogique. L'intérêt pour *les Situations de formation*, pour reprendre le titre de l'ouvrage dans lequel le C.E.P.R.E.G.[1] relate une épopée qui lui a fait parcourir le trajet des trois modèles, peut se porter sur des *apprentissages* : identification des phénomènes de groupe, entraînement à l'observation plus ou moins systématisée, techniques d'animation, procédures de négociation, etc.

La centration sur de tels apprentissages conduit généralement à coder les situations, à les appréhender à travers des grilles d'observation ou des schémas de situations-types, sinon à partir de modèles normatifs. La situation ouverte à l'investigation est alors presqu'aussitôt balisée, quadrillée, clôtu-

---

1. C.E.P.R.E.G. : Centre de perfectionnement des responsables de groupe.

rée pour permettre une production d'informations stockables et utilisables dans des situations analogues avec le risque d'inspirer des conduites répétitives. Avec ou sans emploi d'une grille, le stage pédagogique donne souvent lieu à une réduction de cette sorte. Comme le remarquent Ruth Kohn, Jean Massonnat et Michel Piolat, « la plupart des stages en milieu professionnel sont en effet des temps d'imitation et de reproduction intensives des savoir-faire observés *(197)* ». L'approche situationnelle fournit à une pédagogie des acquisitions un support de réalité dont l'effet n'est que trop stimulant et dont les modèles d'action ne sont que trop prégnants : faute d'une médiation par l'analyse, ce qu'on appelle l'apprentissage sur le tas ne laisse aucun espace pour l'appropriation assimilatrice.

A l'opposé, l'approche situationnelle prend un sens dynamique avec la pédagogie de la démarche.

Le pari est que des expériences vécues sans objectif d'acquisitions immédiates, de quelque ordre qu'elles soient, suscitent la disponibilité à l'imprévisible, développent la capacité de mobiliser son énergie pour affronter des situations, explorer, entreprendre, mener à bien, et font émerger de nouveaux désirs. La formation psychosociologique opère dans cette optique. Les groupes d'évolution dans leurs différentes versions aménagent l'espace-temps d'une expérience déconnectée de l'environnement quotidien, propices à la découverte de soi, des autres, du groupe, de l'institution. Le groupe de base (dit aussi T-group ou groupe de diagnostic) qui procure aux participants la possibilité de vivre chacun et ensemble une aventure relationnelle intense n'est pas à regarder comme le modèle ou le prototype du groupe de formation. Il représente plutôt le cas-limite d'un groupe qui, en l'absence d'objectifs de production ou d'apprentissage, catalyse des émotions, des réactions et des projections qui agitent sourdement la vie des groupes, quels qu'ils soient. La logique de la pédagogie de la démarche y est poussée à l'extrême : c'est par son étrangeté radicale qu'une telle expérience vécue pour elle-même, vécue par chacun pour son propre compte comme une épreuve, est significative des affrontements futurs. Il s'agit cependant d'une expérience assez spécifique. La structure du groupe de diagnostic et son mode de fonctionnement induisent des sentiments et des comportements de dépendance et de contre-dépendance, d'agressivité, de frustration, de rivalité, d'alliance qui sont ceux-là même qui se vivent dans les situations éducatives. C'est une sorte de mise à nu de la problématique éducative, ou du moins de ses aspects profonds : la dialectique du désir et de la loi, le rapport au savoir-autorité, les jeux de pouvoir et d'influence[1].

Vue sous cet angle, la participation à un groupe de diagnostic est une sorte d'initiation, à la fois découverte et « appréhension » des forces qui sont à l'œuvre dans les groupes et en particulier dans la situation éducative. Spécifiquement pour l'enseignant en formation, une telle expérience représente une approche très indirecte, et d'abord inversée, du rôle qu'il doit assumer dans cette situation. C'est une démarche bousculante, dans certains cas bouleversante, dont l'accomplissement est jugé susceptible de provoquer une destructuration-restructuration des images, des désirs et des défenses qui se rapportent à cette situation. Je ne m'étends pas davantage sur les groupes de formation. Je note seulement que lorsqu'on les appelle groupes d'évolution, c'est sur l'efficacité de la démarche qu'ils induisent que l'on met l'accent, plutôt que sur l'entraînement à l'analyse des situations. Jean Maisonneuve *(102)* discerne dans les modèles de groupes de formation des conceptions et des modes d'animation qui accordent plus ou moins de valeur à la démarche ou à l'analyse[2].

Une autre pratique de formation de type situationnel qui mise sur la démarche est le « stage en responsabilité » dont l'idée, proposée au Colloque d'Amiens *(35)*, trouve depuis lors sa réalisation dans la formation des instituteurs. Il s'agit bien d'appréhender activement, d'investir librement la situation d'enseignement (le face-à-face avec les élèves, la conduite de la classe) avec les risques et les faux pas que peut comporter l'inexpérience, avec la découverte des besoins de formation que peut provoquer l'expérience de l'inexpérience. Ce n'est aucunement une formation « sur le tas ». Le stage est un moment du processus de formation, une plongée dans une situation d'où l'on est censé revenir touché, mobilisé plutôt qu'instruit de savoir-faire.

Le courant de la pédagogie institutionnelle, à travers les péripéties de son histoire passant des Groupes d'éducation thérapeutique (les G.E.T.) au « Collectif des équipes de pédagogie institutionnelle », n'a cessé d'impul-

---

[1]. Georges Lapassade reconnaissait dans le T-group le lieu d'exploration critique des postulats fondamentaux du processus pédagogique. Cf. « Fonction pédagogique du T-group », *Bulletin de psychologie,* n° 158-161, Psychologie sociale III, groupes 159.

[2]. L'un des aspects les plus significatifs de la formation en groupe, lorsqu'elle est organisée et (ou) assurée par l'organisme employeur, est la contradiction vécue par les participants entre la liberté d'expression personnelle à laquelle ils sont invités et les exigences institutionnelles auxquelles ils ne laissent pas d'être soumis. Bonne mère et mauvaise mère, l'institution est présente, dans son projet même de se faire (temporairement) oublier.

ser des pratiques de formation continue prenant appui sur des situations diverses. Les stages d'enseignants avec leur Conseil, lieu de dramatisation et de régulation, et leurs ateliers, lieux de production « commune et socialisable », groupes de travail centrés sur les pratiques professionnelles, la « mono » qui, à partir de la présentation du cas d'un enfant par un participant du groupe, réalise « un entraînement à la co-analyse ». Ces situations, ces techniques, ces démarches, ces analyses font la trame d'une « formation à la pratique de l'institutionnel » *(202)*. On y voit théorie et pratique se confronter, se chevaucher, non sans à coup, quelquefois au prix d'un joyeux désordre, mais dans un mouvement de conquête et de création qui, pour les enseignants qui y participent, donne lieu de se former.

La pédagogie de la démarche se prolonge ici tout naturellement en une pédagogie de l'analyse.

Se former à l'épreuve de situations réelles dans lesquelles on assume temporairement un rôle, à l'épreuve de situations de formation où l'on effectue un trajet, ou encore au jeu de situations simulées, bref vivre une expérience qui oblige à réagir, à ajuster ses conduites, à surmonter ses peurs, à prendre des décisions, c'est le pivot d'une pédagogie de la démarche.

Les situations se vivent, elles se donnent aussi à comprendre. Elles ne sont même pleinement vécues que lorsque celui qui s'y engage s'applique à saisir leur sens, les sens divers qu'elles recèlent et le sens de sa relation à elles. Aucune approche n'est plus propice à une pédagogie de l'analyse que l'approche situationnelle. On tient cet effort de déchiffrement des sens (psychologique, social, politique), pour l'acte même de se former quand on a reconnu qu'aucune technique, aucun modèle d'action, aucune conduite apprise n'est effectivement mobilisatrice pour la pratique si elle n'est pas comprise, c'est-à-dire si elle ne trouve pas place dans le champ des désirs et des représentations propres à celui qui s'en empare. C'est admettre qu'il n'y a de changement possible au niveau des pratiques que par le travail théorique du praticien sur sa perception des situations et de lui-même dans les situations où il est acteur. L'axe central de la formation est alors le développement de la capacité d'analyse, l'entraînement à interroger les situations *in vivo* (entraînement à l'observation, à l'écoute, à l'interprétation des attitudes, des interactions, des rapports de pouvoir, etc.) ou dans l'évocation qui en est faite au sein d'un groupe de formation (groupe d'analyse d'expériences, études de cas, etc.).

L'accès à des types de formation centrée sur l'analyse n'a souvent pu se faire qu'à l'extérieur de l'Education nationale, par la participation à des sessions dans des organismes privés, ou par les initiatives d'un mouvement pédagogique comme la F.O.E.V.E.N.[1], intérieur et extérieur à l'institution scolaire. Il est important que les enseignants trouvent hors du contexte scolaire des lieux de formation de cette sorte où l'exercice de l'analyse est facilité par la distance prise et l'échange avec d'autres catégories de personnel également confrontées à des problèmes relationnels et institutionnels. Mais il faut remarquer aussi qu'une formation centrée sur l'analyse rencontre des résistances dans l'institution scolaire. Là où elle a pu fonctionner, à l'I.N.A.S. (Institut national d'administration scolaire), ou dans certains centres assurant la formation continue de formateurs de maîtres du premier degré, ceux de Versailles et de Toulouse par exemple, les obstacles administratifs ont été plus fréquents que les encouragements, en dépit de l'intérêt manifesté par les participants, comme en témoigne un récent ouvrage collectif qui relate certaines de ces expériences, *Former des enseignants, approche psychosociologique et institutionnelle (194)*.

*
* *

Ainsi progresse aujourd'hui à travers ces quatre approches — fonctionnaliste, scientifique, technologique et situationnelle — la problématique de la formation des enseignants, longtemps demeurée stagnante et sans perspectives. Des approches ou des visées transformatrices qui proviennent d'horizons différents, qui se développent selon des rationalités spécifiques, mais qui interfèrent et oscillent chacune entre maîtrise et ouverture.

J'ai cherché à montrer que les modèles pédagogiques, explicites ou implicites, qui guident les efforts de renouvellement de la formation des enseignants apparaissent plus ou moins soucieux de l'affranchissement des enseignants aux prises avec leur pratique, c'est-à-dire au bout du compte de l'affranchissement des élèves.

---

1. F.O.E.V.E.N. : Fédération des œuvres éducatives et de vacances de l'Education nationale.

5

Bibliographie sur la pédagogie de la formation des enseignants[1]

Ces éléments de bibliographie sont conçus à l'usage des formateurs, des concepteurs de formation des enseignants et surtout des enseignants eux-mêmes.

Ils sont loin d'embrasser tous les titres qui se rapportent à la formation des enseignants. Laissant délibérément de côté les écrits qui traitent des programmes et des institutions de formation, ils sont centrés sur la *pédagogie de la formation des enseignants*. Ils constituent un instrument documentaire pour l'information de ceux qui réfléchissent aux démarches, aux modèles, aux approches et aux problématiques de la formation des enseignants.

Leur organisation correspond aux perspectives tracées dans cet ouvrage et comporte trois parties :
— La première présente des livres, articles, documents, notes de colloques consacrés au problème général de la formation des enseignants.
— La deuxième partie réunit les principaux titres de référence qui ont trait à l'éducation des adultes et à la formation permanente.
— La troisième regroupe les titres concernant la pédagogie de la formation des enseignants selon les quatre approches qui sont distinguées dans le chapitre IV : l'approche fonctionnaliste, l'approche scientifique, l'approche

---
1. Cette bibliographie a été établie avec l'aide de Jacky Beillerot et Dominique Gougenheim.

technologique et l'approche situationnelle. Une telle catégorisation ne va pas sans schématisations et distorsions. Dans bien des cas un même titre pourrait être rapporté à plusieurs approches. Chacun a été placé selon sa dominante. Au risque d'une simplification, le parti pris a été de souligner la distinction entre les diverses approches.

Les titres rassemblés sont consultables dans les bibliothèques suivantes : Bibliothèque nationale, bibliothèque de l'U.N.E.S.C.O., Centre de documentation des sciences humaines du C.N.R.S., section documentaire du service des études et recherches pédagogiques de l'I.N.R.P. (certaines annotations sont empruntées aux fiches établies par ces deux derniers organismes).

1. Généralités sur la formation des enseignants

1.1. Bibliographies

1. « Aspects de la formation des maîtres », in *Bulletin bibliographique du CREDIF*, n° 29, déc. 76, 44 p.
2. « Formation continue des enseignants », préparé par le Centre européen d'information de l'université Charles pour la formation continue des enseignants, Prague, Tchécoslovaquie, *Documentation d'information pédagogiques*, 55e année, n° 218-219, 1er/2e trim., 1981, 102 p.
3. « Formation des maîtres, ouvrages de base », *Bulletin bibliographique du CREDIF*, n° 34 spécial mai 1977, 58 p.
4. Rôles nouveaux des enseignants et leurs incidences sur la formation », Institut national de recherche et documentation pédagogiques, *Service des études et recherches pédagogiques*, Section documentaire, oct. 1975, 24 p.
5. « Formation des enseignants », Institut national de recherche et documentation pédagogiques, *Service des études et recherches pédagogiques*, section documentaire, mars 1979, 3 p.
6. « Tendances et innovations dans la formation des enseignants », *Documentation et information pédagogiques ex-bulletin du Bureau international d'éducation*, 49e année, n° 195, 2e trim. 1975, BIE - UNESCO, 84 p.
7. ROCHAIS (G.), *Bibliographie annotée de l'enseignement supérieur au Québec*, tome II *la Formation des maîtres, 1962-1979*, Québec, mars 1980, 120 p.

1.2. Traités, encyclopédies

8. BUISSON (F.), *Dictionnaire de pédagogie et d'instruction primaire. Normales primaires (écoles)*, Paris, Hachette, 1887, p. 2058-2101.
   Historique des écoles normales Françaises. Organisation et programmes des écoles normales en France et dans divers pays étrangers.

9. DEBESSE (M.) et MIALARET (G.), *Traité des sciences pédagogiques, VII, Fonction et formation des enseignants,* Paris, P.U.F. 1978, 454 p.
    Ouvrage collectif de référence sur les divers aspects de la problématique de la formation des enseignants, auquel ont collaboré F. Amial-Lebigre, J. Berbaum, M. Debesse, G.de Landsheere, A.-M. Huberman, D. Lavenu, L. Lefèvre, A. Léon, G. Mialaret, S. Mollo, P. Pichot et J. Vial.
10. EBEL (L.), NOLL (V.-H.), BAUER (M.), *Encyclopedia of Educational Research. A project of the American educational,* London, New-York, Collier Macmillan, 1969, 1522 p., bibliogr.
11. LEHERPEUX (M.), *Formation et perfectionnement des maîtres, titre septième de l'Encyclopédie pratique de l'éducation en France,* Paris, ministère de l'Education nationale, 1960, p. 359-384.
12. POSTIC (M.), « la Formation des enseignants » *in Histoire mondiale de l'éducation,* sous la direction de G. Mialaret et J. Vial, Paris, P.U.F., 1981, tome 4, p. 347-362.

1.3. Documents officiels

Conseil de l'Europe :

13. « Documentation et recherche pédagogique », *Bulletin d'information du Conseil de l'Europe,* n° 2, 1973, p. 21-26.
    Réunions d'experts : 1. Strasbourg (14-15 juin 1973) « la Recherche en matière d'éducation » ; 2. Bristol (8-13 avril 1973) « Recherche et réformes concernant la formation des enseignants ».
14. GOZZER (G.), *le Perfectionnement des enseignants,* Conseil de l'Europe, Conseil de la coopération culturelle, Comité de l'enseignement général et technique, Strasbourg, 1971, 134 p.
    Enquête par questionnaire soumis aux Etats membres recensant les divers systèmes de perfectionnement. Conclusions et interprétations des résultats de l'enquête : objectifs, conditions, situation actuelle et perspectives du perfectionnement des enseignants.

O.C.D.E.

15. Organisation de coopération et de développement économique, Paris, *l'Enseignant face à l'innovation,* vol. 1. *Rapport général,* 616 p., O.C.D.E., Paris, 1974.
    Tendances générales de l'évolution vers un enseignement universel de masse, une modification des structures d'autorité, une nouvelle distribution du savoir, vers une éducation ouverte. Changements dans le rôle de l'enseignant imputables aux modifications dans le processus enseignement-apprentissage. Préparation des enseignants à un rôle nouveau.

16. Organisation de coopération et de développement économiques, Paris, *Etude sur les enseignants. Formation, recrutement et utilisation des enseignants. Enseignement primaire et secondaire. Monographies nationales, France, Irlande,* Paris, O.C.D.E., 1969, 450 p., tab., graph.
    chapitre 3, « la Politique de formation des enseignants ». Perfectionnement et recyclage des maîtres en activité.

17. Organisation de coopération et de développement économiques, *Formation, recrutement et utilisation des enseignants dans l'enseignement primaire et secondaire,* Paris, O.C.D.E., 1971, 499 p., tabl., graph.
    3e partie : « Evolution des normes de formation professionnelle des enseignants » (p. 399-496)

18. Organisation de coopération et de développement économiques, *Tendances nouvelles de la formation et des tâches des enseignants. Acquisition d'une identité professionnelle chez les élèves-professeurs. Etude comparée,* Paris, 1974, 120 p.

19. ATKIN (J.-M.) et RATHS (J.-D.), « Evolution de la formation des enseignants » in : *Tendances nouvelles de la formation et des tâches des enseignants,* O.C.D.E., 1974.
    Le débat sur la formation des enseignants aux U.S.A. : l'opposition entre le modèle comportementaliste et le modèle « humaniste ».

20. BELBENOIT (G.), *Innovation dans la formation en cours de service des enseignants,* O.C.D.E., Centre pour la recherche et l'innovation dans l'enseignement (C.E.R.I.), Paris, 1976, 98 p.
    Analyse de diverses expériences françaises. La formation continue des enseignants (formation continue des instituteurs, I.R.E.M., etc.) et énoncé d'une problématique de promotion dans la perspective d'une pédagogie centrée sur l'élève.

21. FERRY (G.), « les Expériences de formation continue des enseignants », in : *Tendances nouvelles de la formation et des tâches des enseignants. Expériences nationales : Belgique, France, Royaume-Uni,* Paris, O.C.D.E., 1974, p. 31-54
    Analyse d'expériences novatrices qui conduit à montrer le passage d'une problématique académique-pédagogique de la formation des enseignants à une problématique professionnelle-personnelle.

22. PIDGEON (D.-A.), *les Conséquences du comportement des enseignants sur la réforme de leur formation,* Paris, O.C.D.E., 1974, p. 399-436, bibliogr.

U.N.E.S.C.O.

23. *le Personnel enseignant et l'élaboration de la politique de l'éducation,* Collection « Etudes et documents d'éducation », nouvelle série, n° 3, 1971, 37 p.
    Enquête effectuée, à la demande de l'U.N.E.S.C.O., par quatre organisations mondiales de la profession enseignante dans trente pays répartis dans toutes les régions du monde.

24. *Apprendre à être,* Commission internationale sur le développement de l'éducation présidée par Edgar Faure, Paris, Fayard, U.N.E.S.C.O., XI, 1972, 369 p., fig., schémas.
    Réflexion d'ensemble et compte-rendu d'expériences dans les pays membres de l'U.N.E.S.C.O.
25. THOMAS (J.), *Des maîtres pour l'école de demain,* Paris, U.N.E.S.C.O., 1968, 89 p.
    Programme de l'U.N.E.S.C.O. En annexe, recommandation adoptée par la Conférence intergouvernementale spéciale sur la condition du personnel enseignant, tenue à Paris en 1966.
26. « Rôle, fonction et statut de l'enseignant », *Documentation et information pédagogique,* 49e année, n° 194, 1er trim. 1975. — U.N.E.S.C.O. — B.I.E., 62 p., biblio.
27. *Nouvelles méthodes et techniques pour la formation des maîtres,* rapport de certains projets en cours. Réunion de conseillers techniques principaux, de directeurs nationaux et de spécialistes en méthodologie des Instituts de formation de maîtres assistés par l'U.N.E.S.C.O. et le P.N.U.D., Paris, avril 1970, 58 p.
    Rapports de certains pays francophones et anglophones d'Afrique, du Proche-Orient et d'Asie.
28. HENDRY (J.-A.), *Guide d'élaboration et de gestion de programme de formation des enseignants,* Division de l'enseignement supérieur et de la formation des personnels de l'éducation, Paris, février 1979.
    L'éducation depuis *Apprendre à être,* le rôle du formateur, les tendances de la formation, modèle de programme de formation, l'auto-instruction dans la formation, les compétences du formateur, orientations pour la préparation des formateurs d'enseignants, annexes.
29. GOBLE (N.-M.), PORTER (J.-F.), *l'Evolution du rôle des maîtres. Perspectives internationales,* Paris, U.N.E.S.C.O., 1977, 257 p., biblio.

Canada

30. *la Formation et le perfectionnement des enseignants,* Québec, Commission d'études sur les universités, 1979, 118 p.
    Orientations philosophiques de la formation et du perfectionnement des enseignants. Formation initiale et perfectionnement dans le contexte de l'éducation permanente. Dimensions professionnelles de la formation et du perfectionnement des enseignants. Recherche en éducation.
31. WEES (W.R.), *Teaching teachers teaching,* Toronto, Ont., Canadian Education Association, 1974, 43 p., bibliog.
    Programme de formation des enseignants, innovations en éducation au Canada.

France

32. « la Formation des maîtres de l'enseignement secondaire à l'étranger », *Service central des statistiques,* Sondages, notes d'information, n° 21, Paris, 1973, p. 1-8.
    Quelques traits représentatifs de la formation des enseignants en Suède, URSS, R.F.A., Etats-Unis, Royaume-Uni.
33. PERETTI (A. de), *Rapport sur la formation des personnels de l'éducation nationale,* ministère de l'Education nationale, la Documentation Française, 1982, 155 p.
34. *Réflexions pour 1985,* Groupe de travail « 1985 », Paris, la Documentation Française, 1970, 155 p.

Colloques, symposia

35. Actes du Colloque national d'Amiens, « Pour une école nouvelle : formation des maîtres et recherche en éducation », Association d'étude pour l'expansion de la recherche scientifique, Paris, Dunod, 1969, 470 p.
    Travaux au cours desquels une nouvelle conception de la formation des enseignants a été proposée et discutée : importance de la formation personnelle, nécessité de l'alternance avec stages « en responsabilité », importance de la formation continue, etc.
36. « Symposium sur la recherche et la réforme concernant la formation des enseignants », Bristol, 8-13 avril 1973, *Bulletin d'information du Conseil de l'Europe,* n° 3 Strasbourg.
37. « l'Apport des sciences fondamentales aux sciences de l'éducation », *Actes du 6ᵉ Congrès international des sciences de l'éducation,* Paris (Université IX, Dauphine), 3-7 septembre 1973, Paris, Epi, 1976, 2 vol., 528 p.
    La commission n° 8 de ce congrès était consacrée à la formation des enseignants et des éducateurs (p. 145-212).
38. *Actes du colloque national sur l'éducation,* 21-22-23 novembre 1973, Paris, la Documentation Française, 1974, tome 1 : 318 p., tome 2 : 368 p.
    Dernière phase d'une consultation réalisée par Joseph Fontanet ministre de l'Education nationale, afin de mieux connaître les préoccupations des Français sur l'institution scolaire. Recommandations concernant le statut, la formation et le perfectionnement des enseignants.
39. MYERS (D.), REID (F.), *Educating teachers : critiques and proposals,* Toronto, Ontario, Institute for studies in education, 1974, 156 p., (*Symposium series* n° 4), bibliogr.
    Etude sur la formation initiale et continue des enseignants, et la recherche en éducation au Canada.
40. « Présentation des journées d'études sur les pratiques de formation initiale et continue d'enseignants » (22 septembre 1975, Nancy), *les Sciences de l'éducation,* n° 2-3, avril-septembre 1976, 211 p.

41. « Actes du Colloque tenu à Louvain-la-Neuve (4-7 mai 1978) sur la formation des enseignants », *les Sciences de l'éducation,* n° 1-2, janvier-juin 1979, 203 p., et n° 3-4, juillet-décembre 1979, 146 p.
42. « l'Utilisation de la recherche en éducation dans la formation des enseignants », Actes du colloque de Rennes, 12-14 septembre 1978, *les Sciences de l'éducation,* n° 2-3, avril-septembre 1980, 191 p.
    Des recherches en sciences de l'éducation se font et certaines sont diffusées. A quoi servent-elles dans la pratique de formation de l'enseignant, cherche-t-on à les utiliser, le peut-on et comment ?
43. *Actes de l'université pédagogique d'été de Toulouse sur la formation des enseignants,* septembre 1978, Service des publications de l'université de Toulouse-le-Mirail, 1980, 208 p.
44. *Actes du Colloque sur la formation des enseignants* (18-20 octobre 1979) université de Paris-X-Nanterre, Institut des sciences de l'éducation, 1980, 257 p.

1.4. Livres

45. BERBAUM (J.), *Former les professeurs,* Université Lille III, thèse de doctorat d'état, 1973, 394 p., multigr.
    Esquisse d'une problématique de la formation des enseignants à partir d'une expérience dans un pays africain.
46. DENT (H.-C.), *The training of teachers in England and Wales : 1800-1975,* London, Hodder and Stoughton, 1977, 163 p.
    La formation des enseignants en Angleterre et au Pays de Galles de 1800 à nos jours : les premiers essais faits au XVIIIe siècle ; l'ébauche du système au XIXe siècle : naissance des collèges de formation, impact du code révisé et de la loi de 1870, formation des moniteurs, des maîtres et des professeurs spécialistes, formation en cours de service des enseignants, participation des universités, etc., et l'explosion des années 60.
47. DICKSON (G.-E.), SAXE (R.-W), *Partners for educational reform and renewal. Competency based teacher education, individually guided education and the multiunit school,* Berkeley, Mc Cutchan Pub. Corp., 1973, 307 p., biblio.
    Etude concernant la formation des enseignants, la réforme en éducation, l'instruction individulalisée.
48. GEMINARD (L.), *l'Enseignement éclaté. Etude des problèmes par l'analyse de système,* Paris, Casterman, « Orientations E 3 », 1973, 276 p., biblio.
    Problème de la finalité et des objectifs (vers une société éducative) de l'enseignement. Réflexion sur une formation des enseignants tenant compte d'exigences d'intégration et d'ouverture d'une société en mutation.
49. GEORGES (G.), RANNOUN (H.), LEON (A.), TORAILLE (R.), *la Formation des maîtres,* Paris, éd. Sociales françaises, 1974, 138 p., tabl.

Analyse du contexte social et culturel. Détermination des exigences et des fonctions de l'école. Apport des sciences de l'éducation et de la recherche expérimentale à la formation. Critique historique et institutionnelle des écoles normales.

50. LANDSHEERE (G.-de-), COSTER (S.-de-), COSTER (W.-de-), HOTYAT (F.), *la Formation des enseignants demain,* Paris, Casterman, 1976, 300 p.

    Nécessité d'une unification de la profession enseignante et des études qui y préparent. Souhaits concernant une formation supérieure large, une formation continue, une participation des enseignants à la recherche en éducation, à la construction des programmes scolaires, à la gestion des écoles.

51. LEIF (J.), *Formation des enseignants,* « Problèmes de pédagogie contemporaine », Paris, F.-Nathan, 1979, 192 p.

    La formation initiale et continue des enseignants des premier et second degré est vue non seulement sous l'angle descriptif : les différents types de formation, mais aussi critique : incohérence des institutions actuelles, et prospectif : principes et impératifs communs ou spécifiques pour assurer à toutes les catégories existantes d'enseignants une formation optimale.

52. LOMAX (D.-E.), *European perspective in teacher education,* London, Wiley, 1976, 290 p., bibliogr.

    Etude comparative de la formation des enseignants, leur qualification, leur formation continue, leur rôle, l'innovation en éducation en Grande-Bretagne, Pays-Bas, Norvège, France, Italie, Australie.

53. LYNCH (J.), PLUNKETT (H.-D.), *Teacher education and cultural change : England, France, West Germany* (Formation des enseignants et changements culturels : Angleterre, France, Allemagne de l'Ouest), London, Georges Allen and Unwin, 1973, 197 p., index.

    Etude comparative entre ces trois pays des institutions de formation de la fonction enseignante et de la manière dont les valeurs sociales qui sous-tendent la politique éducative sont communiquées aux futurs enseignants. Approche sociologique comparative et modifications envisagées de leurs rôles dans l'avenir.

54. MIALARET (G.), *la Formation des enseignants,* Paris, PUF, « Que sais-je ? », 1977, 128 p., ill.

    Formation académique et pédagogique. Généralités sur l'éducation. Les fonctions de l'enseignant. Les principes fondamentaux de toute formation. Les étapes, contenus, lieux, méthodes et techniques de la formation pédagogique. La formation des professeurs de sciences de l'éducation.

55. POSTIC (M.), « la Formation des enseignants », in *Histoire mondiale de l'éducation* de G. MIALARET et J. VIAL, tome IV *De 1945 à nos jours,* Paris, P.U.F., 1981, p. 347-362.

    Evolution des institutions de formation des enseignants.

56. REPUSSEAU (J.), *Homo decens, réflexions sur l'action pédagogique et la formation des maîtres,* Paris, Armand Colin, 1972, 208 p.

    Essai de définition de l'action pédagogique. L'enseignant face aux mutations actuelles. Recherche des éléments essentiels de la formation des maîtres de demain et de la formation de leurs formateurs.

57. SALMONA (H.), *Signification psychologique de la notion de formation chez les instituteurs de la région parisienne,* thèse de 3ᵉ cycle, université de Paris-X-Nanterre, ronéo., 1974, 248 p.
58. SCHWARTZ (B.), *l'Education demain,* Paris, Aubier-Montaigne, 1973, bibliogr.

    Propositions de réformes globales ayant trait aux méthodes, au contenu, à l'école elle-même aussi bien qu'aux types de maîtres et à leur formation, p. 233-240.
59. STONES (E.), MORRIS (S.), *Teaching Practice ; problems and perspectives. A reppraisal of the practical professional element in teacher preparation,* London, Methuen and Co, 1972, 300 p., tabl., index, bibliogr.

    Innovations dans la formation des maîtres : simulations, micro-enseignement, analyse des interactions maîtres-élèves. Etude des conditions de formation des enseignants en Grande-Bretagne. Présentation de quelques textes-clés américains.
60. *The education of teachers in Britain and Wales* (ed. by D.E. Lomax), John Wiley and Sons, 1973, 467 p., index, bibliog.

    Recueil de textes de vingt éducateurs (professeurs et chercheurs) contribuant à la recherche sur la formation et l'éducation en Angleterre, au Pays de Galles et en Ecosse, notamment sur la profession enseignante, le développement des départements formation à l'université, la création des *Area Training Organizations,* la formation continue et l'année probatoire.

1.5. Numéros spéciaux de revues

61. « la Formation des maîtres », *Bulletin de liaison des universités Françaises* (Association d'étude pour l'expansion de la recherche scientifique), n° 9, 1974-75.
62. *Cahiers du comité de liaison pour la formation des enseignants,* Département des sciences de l'éducation de l'université de Paris VIII, (n° 1, mai 1976, 85 p. ; n° 2, juin 1976, 90 p ; n° 3, juin 1977, 85 p. ; n° 4, non daté, 87 p.).

    Les trois premiers numéros rapportent des projets et des expériences de formation d'enseignants émanant d'universités. Le n° 4 est le compte-rendu de l'université d'été de l'enseignement public sur la formation des enseignants (Rouen, 4-10 juillet 1977).
63. « la Formation des maîtres », *Cahiers pédagogiques,* (n° spécial 108, novembre 1972, et n° spécial 139, décembre 1975).
64. « Formation des maîtres », *l'Education* (n° spécial 267, 15 janvier 1976 ; n° spécial 310-311, 10 mars 1977).
65. « Formation des enseignants », *les Sciences de l'éducation,* n° 2/3 avril-septembre 1980, p. 73-134, bibliogr.

Utilisation par les IREN de la recherche pédagogique sur la formation des enseignants. Un exemple en mathématique d'une action formation-recherche. L'observation des élèves comme méthode de recherche et instrument de formation. Les sciences du langage (linguistique, psycholinguistique) et la formation des instituteurs. Autoscopie du C.C.E.N. Formation d'enseignants et recherche-action au C.E.S. de Rennes.

1.6. Revues spécialisées

66. *ATEE*, journal, *A Journal for Teacher Education in Europ*, Elsevier, Tangevej 80, 6760, Ribe, Danemark.
67. *British Journal of Teacher Education*, university of Liverpool.
68. *Education for Teaching*, Association of teachers in colleges and departments of education, 3 Crawford place, London, W1H, 2BN.
69. *Europeen Journal of Teacher Education*, Corfax publishing company, PO Box 25, Abindjon, Oxford Shire, 14 1 RW.
70. *Journal of Teacher Education*, Washington, American Association of college teacher education.

1.7. Articles

71. BERBAUM (J.), « Quelques directions de recherches actuelles en matière de formation d'enseignants », *les Sciences de l'éducation*, n° 2-3, 1976, p. 65-72.
72. BERBAUM (J.) et KEAVIEL (C.), « la Formation des enseignants en Angleterre : un système en évolution », *Revue française de pédagogie*, n° 48, 7-8-9/1979, p. 35-50.
73. HENRIQUEZ (S.), « les Attitudes des enseignants français à l'égard de la formation et du perfectionnement professionnels », *Revue française de pédagogie*, Paris n° 43, 1978, p. 64-73.
    Recherche sur les facteurs déterminants des attitudes des enseignants à l'égard de la formation et du perfectionnement, au cours des stages de perfectionnement, menée de 1971 à 1974 dans le Val-de-Marne auprès d'instituteurs de classes de transition, de remplaçants et de directeurs d'écoles maternelles et primaires. Evaluation des changements d'attitudes et de style relationnel des enseignants et directeurs après le stage.
74. LEE (M.), NAISH (M.), HARTNETT (A.), EARWAKER (J.), CLARK (C.), LEWIS (I.), EVANS (L.M.), ELLIOTT (J.), LABBETT (B.), CARNIE (J.M.), PRESTON (M.), WATKINS (R.), « Theory and practice in teacher education », *Education for teaching*, n° 96, 1975, p. 1-97.
    Formation des enseignants en Grande-Bretagne. Formation en cours d'emploi.

75. MIALARET (G.), « la Formation des enseignants », *les Sciences de l'éducation,* Paris, n° 1-2, 1979, p. 17-36.
    Les objectifs de la formation, le rôle respectif et les interactions entre les différentes instances institutionnelles de la formation.

76. FILLOUX (J.-C.), « Sur la création d'une université expérimentale centrée sur la formation de futurs enseignants », *les Sciences de l'éducation,* 6, n° 2, 1972, p. 87-98.
    Enoncé d'un certain nombre de principes et de leurs conséquences, susceptibles de déterminer sur quelles bases il est possible d'instituer cette université.

77. LADERRIERE (P.), « Tendances dans le domaine de la formation des enseignants. Bilan des travaux de l'O.C.D.E. », *Revue française de pédagogie,* n° 53, sept., oct., nov., déc. 1980.

78. PANACHIN (F.-G.), « Teacher Education in the U.R.S.S. : Historical development and current trends » (Moscow « Pedagogika » Publishers, 1975), *Soviet Education,* juillet-août, vol. XIX, n° 9-10, 1977, 246 p., appendice.
    Ouvrage très propagandiste. Données statistiques, organisation matérielle de la formation, sa base idéologique marxiste-léniniste.

79. PECK (B.T.), « New hopes and prospects for colleges of education in England and Wales », *International Review of Education,* XXI, 4, 1975, p. 423-445, bibliogr. (U.N.E.S.C.O. Institute for Education).
    Etude sur les programmes de formation des enseignants, la politique concernant l'éducation, la formation pratique et continue au Royaume-Uni.

80. POSTIC (M.) « Quelques problèmes généraux posés par l'élaboration du système de formation d'enseignants », *les Sciences de l'éducation,* n° 2-3, 1976, p. 37-63.

81. PROST (A.), « l'Evolution des conceptions en matière de formation des maîtres depuis 15 ans », *Bulletin de l'A.P.M.E.P.,* n° 309, juin 1977, p. 523-537.

82. WILLEY (R.), « Teacher Training for a multicultural society in the U.K. », *International Review of Education,* XXI, 3, 1975, p. 335-345.
    La formation des enseignants dans le cadre d'une société pluri-culturelle. Leur formation continue, le programme de formation.

83. « Rénover la formation des maîtres, mais dans quel esprit », *l'Université moderne,* novembre 1973 (n° spécial), p. 5-6.
    Projet au sujet d'une nouvelle formation pour les enseignants et d'une unification de la formation.

2. L'éducation des adultes et la formation permanente

84. BEILLEROT (J.), « Questions à propos de la formation des travailleurs sociaux », *Education permanente,* n° 43, mai 1978, p. 63-69.
    Trois axes de formation sont distingués et analysés : pratique-professionnel, théorie-pratique-personnel, institutionnel-politique.

85. BESNARD (P.), *Sociopédagogie de la formation des adultes,* Paris, Editions sociales françaises, 1974, 181 p.

86. CASPAR, *Pratique de la formation des adultes,* Paris, Editions de l'Organisation, 1975, 134 p.

87. CURIE (J.), MALRIEU (P.), BIROUSTE (J.), MARTINEAU (J.-P.), PIGNON (R.), FERRASSE (J.), CLANET (C.), SAURET (M.-J.), BASTOUL (D.), HAJJAR (V.), DUPONT (J.), LE CAMPUS (J.), *la Formation permanente* (Problèmes d'animation et d'évaluation), Annales publiées trimestriellement par l'université de Toulouse-le-Mirail, vol. 12, n° 2, 1976, p. 3-164.

88. DAUBERT (H.) et VERNE (E.), *l'Ecole à perpétuité,* Paris, Seuil, 1976, 203 p.
    Critique illichienne du développement de l'éducation permanente, à partir d'un séminaire sur les pièges de la déscolarisation, tenu à Cuernavaca.

89. DEBESSE (M.) et MIALARET (G.), *Traité des sciences pédagogiques,* VIII, *Education permanente et animation culturelle,* Paris, P.U.F., 1978, 542 p.
    Avec la collaboration de P. Besnard, R. Labouric, D. Lavenu, A. Léon, M. Lesne, G. Mialaret, G. Poujol, J.-J. Scheffknecht, B. Schwartz, M. Simonot et J. Vial.

90. DOMINICE (P.), *Evaluation et formation. La formation de l'évaluation dans le cadre de l'éducation des adultes,* Genève, thèse de doctorat ronéotypée, 1977, 375 p.
    Plaidoyer en faveur de l'évaluation formative.

91. DUBAR (C.), *Formation permanente et contradictions sociales,* Paris, Editions sociales, « Problèmes », 1980, 223 p.
    Point sur dix années de développement de la formation permanente appréciée à la lumière d'une théorie dialectique de l'éducation.

92. FERRY (G.), « Problématiques et pratiques de l'éducation des adultes. Quelques points de repère pour la formation des enseignants », *Revue française de pédagogie,* n° 50, janvier-février-mars 1980, p. 42-53.

Le traitement de la demande, les contradictions de la formation personnelle en institution, le travail de groupe, la formation au « second degré ».

93. GOGUELIN (P.), CAVOZZI (J.), DUBOST (J.), ENRIQUEZ (E.), *la Formation psychosociale dans les organisations,* Paris, P.U.F., 1971, 204 p.
L'esprit et les objectifs de la formation psychosociale. Ses méthodes : le groupe, la méthode des cas, la mise en situation.

94. GUIGOU (J.), *Critique des systèmes de formation, analyse institutionnelle de diverses pratiques de l'éducation des adultes,* Paris, Anthropos, 1972, 214 p.

95. GUIGOU (J.), « la Stagification », *Education permanente,* n° 31, 1975, p. 3-25.
Le rite du stage dans la formation permanente : son aspect modélisant, sinon répressif.

96. GOGUELIN (P.), *la Formation continue des adultes,* Paris, P.U.F., 1970, 200 p.

97. HARTUNG (H.), *le Temps de la rupture. Education permanente et autogestion,* Neuchâtel, éditions de la Baconnière, 1975, 219 p., annexes, index.
Ouvrage polémique, défense de la pédagogie non-directive, de la pédagogie institutionnelle, de « l'autogestion pédagogique ».

98. KAËS (R.), ANZIEU (D.), THOMAS (L.V.), LE GUERINEL (N.), FILLOUX (J.), *Fantasme et formation,* Paris, Dunod, « Inconscient et culture », 1973.
La fantasmatique de la formation et du désir de former dans la perspective psychanalytique.

99. LESNE (M.), *Travail pédagogique et formation d'adultes,* Paris, P.U.F., « l'Educateur », 1977, 185 p.
Théorisation des démarches pédagogiques utilisées dans la formation des adultes en trois modèles : transmissif, à orientation normative, incitatif à orientation personnelle, appropriatif centré sur l'insertion sociale.

100. LEON (A.), *Psychopédagogie des adultes,* Paris, P.U.F., 1971, 189 p.

101. LOBROT (M.), *l'Animation non directive des groupes,* Paris, Payot, 1974, 255 p.
Plaidoyer pour la non-directivité et son application à la pratique de l'enseignement.

102. MAISONNEUVE (J.), « l'Evolution des modèles dans la conception et dans la conduite des groupes de formation », *Psychologie française,* 19, n° 1, 1974, p. 13-22.

103. MALGLAIVE, *Politique et pédagogie en formation d'adultes,* Paris, « Théories et pratiques de l'éducation permanente », collection éditée par la Ligue de l'enseignement et de l'éducation permanente, 1981, 258 p.
Deux modalités de la pratique pédagogique, selon son mode d'articulation avec la pratique politique, l'une individualiste, l'autre progressiste.

104. MISSENARD (A.), « Formation de la personnalité professionnelle », *Connexions,* n° 17, 1974, p. 110-115.
105. MORIN (M.), *l'Imaginaire dans la formation permanente,* Paris Gauthier-Villars, « Hommes et Organisations », 1976, 192 p.
    Les représentations des formateurs à partir de l'analyse de leur discours.
106. PAGES (M.) *l'Orientation non-directive en psychothérapie et en psychologie sociale,* Paris, Dunod, « Organisation et Sciences humaines », 1965, 181 p., bibliogr.

Numéros spéciaux de revues

107. « la Formation permanente : idée neuve ? idée fausse ? », *Esprit,* numéro spécial, n° 10, octobre 1974, 577 p.
108. « Formation permanente, illusion ou révolution », *Politique aujourd'hui,* n° 9-10, 1975, 144 p.
109. « Signification de la formation permanente », *Connexions,* n° 17, numéro spécial, 1976, 159 p.
110. « Et notre formation continue à nous ? », *Cahiers pédagogiques,* n° 189, décembre 1980.

Revues spécialisées

111. *Connexions,* publié par l'A.R.I.P., Epi.
112. *Education permanente,* université de Paris-IX-Dauphine.
113. *Forma X,* université de Paris-X-Nanterre.
114. *Pour,* 13-15, rue des Petites-Ecuries, 75010 Paris.
115. *Pratiques de formation* (Analyses), Formation permanente, université de Paris VIII.

3. Modes d'approche de la formation des enseignants

3.1. Approche fonctionnaliste

116. ANDERSON (D.S.), *Tendances nouvelles de la formation et des tâches des enseignants : acquisition d'une identité professionnelle chez les élèves-professeurs. Etude comparée,* Paris, O.C.D.E., 1974, 118 p., bibliogr.
117. BASSIS (H.), *Des maîtres pour une autre école : former ou transformer ?* Paris, Casterman, 1978, 170 p.
    > Le point de vue d'un militant du G.F.E.N. sur la formation des maîtres à partir d'une expérience novatrice.
118. BEILLEROT (J.), *la Formation des maîtres ou la discorde du ministre et de la secrétaire, Liaisons pédagogiques,* S.G.E.N., n° 3, juin-juillet 1976.
    > Deux modèles de formation des maîtres s'affrontent, l'un rationaliste et l'autre situationnel, et deux instances s'opposent pour cette formation.
119. BEILLEROT (J.), *la Société pédagogique : action pédagogique et contrôle social,* Paris, P.U.F., 1982, 223 p.
    > Essai sur l'expansion de l'action pédagogique ; analyse psychosociologique pour la compréhension d'un phénomène qui affecte toutes les sociétés contemporaines.
120. BONBOIR (A.), « Choix et développement vocationnel chez les enseignants. Le problème », *les Sciences de l'éducation,* Paris, n° 1-2, 1979, p. 61-68.
    > La responsabilité de l'enseignant dans sa formation ; les types alternatifs de formation : fondée sur les caractéristiques de l'enseignant, sur les processus d'enseignement, ou sur les compétences.
121. ELAM (S.), « la Formation des enseignants fondée sur les résultats », Organisation des Nations-Unies pour l'éducation, la science et la culture, réunion des directeurs nationaux et des conseillers techniques principaux des écoles normales assistées par le P.N.U.D. et l'UNESCO. UNESCO, Paris, 10-21 septembre 1973.
    > Actualité de cette formation, contexte historique. Description de cette formation fondée sur les résultats ou sur les compétences, éléments essentiels, caractéristiques implicites, incidences.
122. GALL (M.D.), WARD (B.A.), BERLINIER (D.C.), CAHEN (L.S.), WINNE (P.H.), ELASHOFF (J.D.), STANTON (G.C.), « Effects of questionning, Techniques and Recitation on Student Learning », *American Educational Research Journal,* U.S.A., vol. 15, n° 2, 1978, p. 175-199.

Evaluation de la méthode de formation des enseignants axée sur la compétence *(Competency-based teacher education)* au travers de trois types de questionnement. Influence sur l'acquisition de connaissance des élèves enseignés.

123. GOLDSTONE (P.), A Plea for Incompetence : Philosophy of Education, U.S.A., 1978 paru en 1979, n° spécial ; Proceedings of the 34 th annual meeting of the philosophie of education society, p. 44-61.

    Décision par l'Etat du Texas que la formation des enseignants par la méthode *Competency Based Education* ne pouvait en aucun cas être l'unique moyen de certifier les enseignants. Plaidoyer pour que cette décision soit étendue à tous les Etats-Unis.

124. GOODMAN (G.), PENDER GRASS (R.A.), « Classroom management : a model for assessement of competencies », *Peabody Journal of Education,* U.S.A., vol. 54, n° 3, 1977, p. 196-200.

    Présentation d'un modèle de conduite de classe destiné aux enseignants pour leur permettre d'identifier, de développer et d'évaluer les compétences.

125. GOUVELA (J.-L.), « Perception et attentes de rôle : contribution à la définition de la tâche du professeur », *les Sciences de l'éducation,* n° 2, avril-juin 1972, bibliogr.

    Recherche réalisée à l'université du Québec Trois-Rivières.

126. GUSDORF (G.), *Pourquoi des professeurs ?,* Paris, Payot, nouvelle édition, 1966, 247 p.

    Réflexion philosophique sur l'acte d'enseigner : le rapport au savoir, la relation du maître et du disciple, les vertus du dialogue.

127. HAMELINE (D.), *les Objectifs pédagogiques en formation initiale et en formation continue,* Paris, E.S.F. Entreprise moderne d'édition, 1979, 201 p.

    Examen critique des représentations et des usages de la notion d'objectif en pédagogie. Problème de l'évaluation de l'acte pédagogique. Exemples de grilles. Faiblesses et avantages de la pédagogie par objectifs.

128. HOUSTON (W.R.), HOWSAM (R.B.), « la Formation des enseignants par la méthode « compétentialiste » ; progrès, problèmes et perspectives ». Organisation des Nations-Unies pour l'éducation, la science et la culture, réunion des directeurs nationaux et des conseillers techniques principaux des Ecoles Normales assistées par le P.N.U.D. et l'U.N.E.S.C.O., 27 juin 1973.

    Pour une instruction compétentialiste : individualisation de l'enseignement à partir d'objectifs d'apprentissage.

129. KLAUSNER (L.), *Où vont les professeurs ?,* Paris, Casterman, « Orientations E 3 », 1979, 164 p.

    Le « mal des professeurs » : des sous et des hommes - quand les piliers vacillent - la nuit des peurs (de l'administration, des élèves, des parents d'élèves) - l'impuissance syndicale - repères.

130. LEROY (G.), *la Conquête de l'environnement, l'étude des faits. Pédagogie de décision, science d'action,* Bruxelles, éd. A.-de-Boeck, 1975, 270 p., bibliogr.

Pour une rénovation de la formation des maîtres axée sur une « pédagogie de décision ».

131. LEROY (G.), « Questions et options relatives à la formation des enseignants. Pédagogie de décision. II », *Revue de la direction générale de l'organisation des études,* Bruxelles, vol. 15, n° 1, 1980, p. 33-40.

    Importance de l'apprentissage dans la prise de décision dans la formation des enseignants.

132. LESNE (M.), MINVIEILLE (Y.), SCHALSHT (D.), BARBIER (J.M.), CORIDIAN (C.), SABBAH (L.), *Fonction enseignante et formation continue : réflexion et suggestions à partir de deux expériences de formation d'enseignants à la formation continue,* Paris, C.N.A.M., 1975, 141 p.

    Les modalités actuelles de la formation d'enseignants à la formation continue. Deux expériences de formation en situation : présentation et réflexions. Suggestions et hypothèses de formation.

133. MACMILLAN (A.), KOLVIN (I.), « Behaviour modification in teaching strategy : some emergent problems and suggested solutions », *Educational Research Bucks,* vol. 20, n°1, 1977, p. 10-21.

    Analyse des modifications d'attitudes des enseignants au Royaume-Uni.

134. MORISSON (A.), Mc INTYRE (D.), *Profession : Enseignant. Une psychosociologie de l'enseignement,* traduit de l'Anglais par M. Linard, Paris, Armand Colin, Collection « U Prisme », 1975, 266 p.

    L'étude du comportement des enseignants. Origines et formation des enseignants. Les divers rôles de l'enseignant et ses rapports sociaux. La conduite en classe. Communication et évaluation.

135. OKUDUWA (B.E.), « Counterbalanced design applied to the study of the differencial effect of performance and non-performance objectives on cognitive learning », *Scientia paedagogica experimentalis gent,* Belgique, vol. 14, n° 1, 1977, p. 92-110.

    Sur des élèves-enseignants de différents niveaux d'étude on teste l'hypothèse d'une différence de performance suivant le type de méthode pédagogique (pédagogie par objectifs ou sans).

136. REILLY (D.H.), DARCLAY (J.), CULBERTSON (F.), « The current status of competency-based training, Part 1 : Validity, reliability, logistical and ethical issues », *Journal of school psychology,* U.S.A., vol. 15, n° 1, 1977, p. 68-74, bibliogr.

    Bilan des recherches aux Etats-Unis sur le P.B.T.E.

137. TAYLOR (W.), *Society and the education of teachers,* Faber and Faber Ltd, 1969, 296 p., bibliogr., index.

    L'organisation des *Colleges of Education,* programmes de formation en trois ans, relations entre formation théorique et pratique, origine des étudiants, relations à l'intérieur des *Colleges of Educations,* valeurs sous-jacentes à la formation...

138. TAYLOR (S.), *The teacher as manager*, (Le professeur en tant que « manager »), London, National council for education technology, 1970, 160 p.
> Du fait du développement de la technologie en éducation, les enseignants de tous les niveaux sont davantage amenés à faire des choix et à prendre des décisions ayant une grande portée.

139. TOM (A.R.), « Critique of performance-base teacher education », *The educational forum Champaign*, U.S.A., vol. 42, n° 1, 1977, p. 77-87, bibliogr.
> Analyse critique du P.B.T.E.

3.2. L'approche scientifique

140. BERBAUM (J.), « l'Utilisation de la recherche en éducation dans la formation des enseignants », *les Sciences de l'éducation*, Paris, n° 2-3, Colloque de Rennes, 12-14-9-78, sept. 1980, p. 35-57.
> Analyse des réponses de 31 enseignants d'E.N. et C.P.R. à un questionnaire sur la recherche faite et souhaitée en sciences de l'éducation.

141. DEBEAUVAIS (M.), « Quelques remarques sur les rôles des universités et des sciences de l'éducation dans la formation des enseignants », *Bulletin de liaison des universités Françaises*, n° 9, 1974-1975.
> Apport des sciences de l'éducation. Rôle potentiel des universités.

142. DUCANCEL (G.), « Comprendre ce que disent les maîtres. Une clé de lecture en trois modèles », *Repères*, n° 58, 1980, p. 73-92.
> Présentation d'un modèle d'analyse des interventions verbales des maîtres (dans le cadre des activités scientifiques).

143. DUCANCEL (G.), GROSBOIS (M.), POCHON (J.), SIROTA (R.), TURQUIER (Y.), « Une innovation dans la formation de futurs professeurs de sciences naturelles », *Revue française de pédagogie*, Paris, 1980, n° 51, p. 20-40, bibliogr.
> Présentation d'une expérience d'innovation contrôlée mise sur pied par les enseignants de biologie et les enseignants de sciences de l'éducation en vue d'une amélioration de la formation pédagogique des futurs enseignants du secondaire.

144. FILLOUX (J.), « Eléments de réflexion sur l'application des données de la théorie psychanalytique au champ de la pratique enseignante », *Revue française de pédagogie*, 54, janvier, février, mars 1981, p. 32-38.
> Critique d'un recours à la théorie psychanalytique qui assignerait au praticien les buts et les interdits de son action.

145. GAGE (N.-L.), *Teacher effectivness and teacher education ; the search for a scientific basis*, Palo Alto, Cal., Pacific books, 1972, 226 p., bibliogr.
> Recherche concernant l'éducation, les processus d'apprentissage, le rôle de l'enseignant et sa formation, la psychologie en éducation.

146. GAGE (N.L.), *The scientific basis of the art of teaching*, New York, teachers college press, Columbia university, 1977, 122 p.

Nécessité d'établir des liens entre recherche, formation des maîtres et ressources diverses de l'éducation pour l'amélioration de l'efficacité des enseignants.

147. HENRIQUEZ (S.), « les Attitudes des enseignants français à l'égard de la formation et du perfectionnement professionnel », *Revue française de pédagogie,* n° 43, avril, mai, juin 1978, p. 64-73.

    Eléments pour une réorientation du processus de sélection, de formation et de perfectionnement des enseignants.

148. HUBERT (B.), « Expérience de formation et mesure des changements d'attitudes en éducation par le M.T.A.I. », *Bulletin de psychologie,* tome XXVII, n° 312, p. 755-761, bibliogr.

    L'utilisation aux Etats-Unis du M.T.A.I. *(Minnesota Teacher Attitude Inventory)* comme mesure d'attitudes au cours d'expériences de formation.

149. LANDSHEERE (G. de), « Recherche opérationnelle et formation continue des enseignants », Namur, Centre d'action culturelle de la Communauté d'expression française, 1974, 15 p., (C.A.C.E.F. *Rencontres,* n° 4, janvier 1973).

    Les méthodes de recyclage. La recherche opérationnelle. Faut-il payer l'effort de recyclage ?

150. Mc LAUGHLIN (S.), MOULTON (J.), *Evaluating performance training methods : a manual for teacher trainers,* 15 décembre 1975, document U.N.E.S.C.O.

    Manuel destiné à aider les personnes chargées de la formation des maîtres à évaluer les méthodes de formation par le comportement ou la performance.

151. LEON (A.), « les Grilles d'observation des situations pédagogiques : moyen de diagnostic ou instrument de formation des maîtres », *Revue française de pédagogie,* n° 30, 1975, p. 5-13, bibliog.

    Objectifs de l'observation : diagnostic ou formation ? Problèmes méthodologiques. Recherche de dimensions et de critères de l'adaptation de l'enseignement à sa tâche.

152. LEON (A.), « l'Apport des sciences de l'éducation à la formation des éducateurs », in *Traité des sciences pédagogiques* de M. Debesse et G. Mialaret, tome 7, *Fonction et formation des enseignements,* Paris, P.U.F., 1978, p. 407-430.

153. LEON (Y.), *Formation permanente des enseignants de l'université pédagogique d'été,* (U.P.E.), Analyse et bilan, coll. « Education et Société », tome 4, 1973, 172 p.

    Recherche expérimentale sur les effets d'une session de formation des maîtres. Bibliographie importante.

154. LYNCH (J.), BAYER (M.), KOLBE (M.), STOPSKY (F.), « Curricular aspects of changes in teacher training », *Revue internationale de pédagogie,* n° 4, 1975, p. 447-506.

    Points centraux et tendances de développement des sciences de l'éducation et des sciences sociales pour la profession d'enseignant en R.F.A.

155. MASSONAT (J.), PIOLAT (M.), POSTIC (M.), BERBAUM (J.), COHEN (R.), DESPAGNE (N.), MARMOZ (L.), Journées d'études sur les pratiques de formation initiales ou continuées d'enseignants, Nancy, 22-24 septembre 1975, *les Sciences de l'éducation*, vol. 9, n° 2-3, 1976, p. 1-162.
    Approches systématiques des systèmes et des stratégies de formation d'enseignants.

156. MIALARET (G.), « Recherches sur les modifications d'attitudes pédagogiques des éducateurs », *les Sciences de l'éducation*, n° 2-3, avril-septembre 1980, p. 60-72, tabl., graph.
    Présentation et étude méthodologique d'un questionnaire (A.C.P. 777) servant à mettre en évidence les attitudes des enseignants appartenant à des milieux éducatifs différents.

157. POSTIC (M.), « la Liaison entre formation des enseignants et recherche en éducation vue par les experts internationaux de l'éducation », *les Sciences de l'éducation*, n° 2-3, Paris, 1980 ; l'uttilisation de la recherche en éducation dans la formation des enseignants, colloque de Rennes, 12-14 sept. 78, p. 15-34, bibliogr.
    Les grands types de recherche en éducation, fondamentale et appliquée, les formes de liaison entre la formation des enseignants et la recherche, les institutions où peut s'effectuer cette liaison.

158. POSTIC (M.), « Observation objective des comportements et formation des enseignants », *Bulletin de psychologie*, vol. 28, n° 316, 1974-1975, p. 639-642.
    Observation du comportement de l'enseignant.

159. POSTIC (M.), *Observation et formation des enseignants*, Paris, P.U.F., « Pédagogie d'aujourd'hui », 1977, 336 p.
    Un bilan des études sur l'analyse des interactions dans la classe et une étude expérimentale sur l'acte d'enseignement. Construction d'une grille d'observation proposée comme instrument de formation.

160. POSTIC (M.), *Observation objective des comportements d'enseignants. Etude de comportements de professeurs de sciences,* Lille, service de reproduction des thèses, université de Lille, 1974, 617 p.
    Mise au point de techniques d'observation du comportement de l'enseignant (aspects psychoaffectifs, sociaux et cognitifs).

3.3. L'approche technologique

161. ALLEN (D.), RYAN (K.), *le Microenseignement : une méthode rationnelle de formation des enseignants,* Paris, Dunod, 1972, 158 p.
    Présentation du microenseignement dans la forme où il a été élaboré à l'université de Stanford par les auteurs.

162. BERBAUM (J.), « Formation des enseignants et microenseignement », *Media,* n° 55-56, 1974, p. 9-13.

Présentation de quelques aspects du microenseignement et des travaux que suppose son emploi dans la formation des enseignants en France.

163. BERSET (A.), « les Possibilités du microenseignement », *la Nouvelle revue pédagogique,* vol. 29, n° 5, 1974, p. 257-266.
    Données psycho-pédagogiques. Caractéristiques du microenseignement à l'université de Tubingen.

164. BROWN (R.M.), *Educational media : A competency-base approach,* Colombus, U.S.A., Bell an Howell Comp., 1973, 291 p.
    Manuel de pédagogie des media et des moyens audiovisuels et propositions d'expérience d'apprentissage. Différents domaines à aborder : microenseignement, mise en œuvre des systèmes, utilisation des ressources, production de ressources, équipements.

165. CHOMET (S.), « Télévision en circuit fermé et microenseignement », *Media,* n° 55-56, 1974, p. 14-16.
    L'audiovisuel au service de la formation des enseignants en France.

166. DALGALIAN (G.), « Microenseignement et non-directivité dans la formation des enseignants », *Orientations,* n° 51, 1974, p. 305-317, bibliogr.
    Mise en parallèle des principes d'une formation non-directive et des principes de microenseignement.

167. FAUQUET (M.), STRASVOGEL (S.), *l'Audiovisuel au service de la formation des enseignants. Le circuit fermé de télévision,* Paris, Delagrave, 1972, 263 p.
    Les auteurs sont les premiers à avoir utilisé le circuit fermé de télévision à l'usage des élèves-instituteurs dans les écoles normales. Réflexion sur les ressources et les limites de l'audiovisuel à partir de leur expérience.

168. FAUQUET (M.), STRASVOGEL (S.), « Réponse du pot de fer au pot de terre », *Media,* n° 55-56, 1974, p. 16-18.
    Réponse à l'article de S. Chomet (*Media, ibid.,* p. 14-16) suivie d'une bibliographie sélective sur le microenseignement.

169. FAUQUET (M.), STRASVOGEL (S.), « Un exemple d'ensemble multimedia pour la formation des enseignants », *les Sciences de l'éducation,* Paris, n° 1-2, 1979, p. 161-176.

170. HOCKAY (J.), « Microenseignement et formation des maîtres », *la Nouvelle revue pédagogique,* vol. 28, n° 9, 1973, p. 523-528.
    Principes du microenseignement. Une application à l'université de Montréal.

171. LEFRANC (R.), *la Formation des enseignants à l'emploi des moyens audiovisuels,* Strasbourg, Conseil de l'Europe, 1974, 109 p., bibliogr.
    Formation de spécialistes des moyens audiovisuels et de la technologie de l'éducation. Formation des futurs enseignants (formation générale à l'emploi des moyens audiovisuels, à une technique, dans une discipline intégrée). Formation, perfectionnement et recyclage des enseignants en fonction.

172. LINARD (M.), « Autoscopie et Formation », *Orientations,* vol. 14, n° 51, 1974, p. 319-339.

   L'objet de cette étude est double : explorer les différents effets du visionnement de soi-même en activité sur le mode de travail et les relations socio-affectives de groupes-classes réduits. Tirer des observations obtenues des indications et orientations pratiques pour une éventuelle formation des maîtres par vidéoscopie.

173. LINARD (M.), « les Effets du feedback par télévision sur le processus enseigner-apprendre en situation de groupes-classe », *Bulletin de psychologie,* vol. 28, n° 316, 1974-1975, p. 598-611.

   Observation des changements de comportement des élèves et de l'enseignant au bout de trois séances de feedback télévisé. Il s'agit de petits groupes de sept élèves. La tâche consiste à compléter les blancs d'un texte, sans que l'enseignant ait *a priori* la solution.

174. LINARD (M.), PRAX (I.), « Microenseignement, autoscopie et travail en groupe », *Revue française de pédagogie,* n° 43, 1978, p. 5-30, bibliogr.

   Analyse critique des fondements théoriques du microenseignement. Les auteurs explorent différentes formules de microenseignement.

175. MAIRE (S.), MOTTET (G.), « Panorama de l'utilisation des circuits fermés de télévision dans les écoles normales », *Media,* décembre 1975, p. 5-8.

176. PIQUET (C.), *Video, travail de groupe et formation des enseignants,* Ecole normale supérieure, centre audiovisuel, Saint-Cloud, 1978, 60 p.

   Compte-rendu d'une expérience de formation d'élèves-enseignants du primaire par une méthode qui combine télévision en circuit fermé et discussion de groupe. Analyse des discussions de groupe pour l'étude des effets dictatique et dynamique de cette structure de formation.

177. « Media et formation : la vidéo et la formation des maîtres », *Media,* n° 75-76, 1975, p. 1-52, bibliogr.

   Utilisation de la télévision dans les écoles normales. Autoscopie collective et analyse des besoins en formation. Stages. Recherches en cours, en Grande-Bretagne sur le microenseignement.

178. « Formation des agrégés de l'enseignement secondaire supérieur à l'aide de la technique du microenseignement », *les Sciences de l'éducation,* Paris, n° 1-2, 1979, p. 109-122.

179. « la Vidéo et la formation des maîtres », *Media,* n° 75-76, décembre 1975, p. 1-52, bibliogr.

3.4. L'approche situationnelle

180. ABRAHAM (A.), *le Monde intérieur des enseignants,* Paris, Epi, 1972, 190 p., bibliogr.

Les conflits et les difficultés de la profession d'enseignant. Comment ces problèmes peuvent être affrontés en les mettant en commun dans des groupes d'auto-apprentissage.

181. ARDOINO (J.), *Propos actuels sur l'éducation,* Gauthier-Villars, Paris, 2e éd., 1967, 358 p.

   La deuxième partie de l'ouvrage (p. 112-341) est consacrée au groupe de diagnostic comme instrument de formation.

182. A.R.I.P., *Pédagogie et psychologie des groupes,* Paris, Epi, 1964, 268 p., ouvrage collectif.

   Le premier ouvrage paru en France sur la pédagogie de groupe.

183. BEILLEROT (J.), *Groupe Desgenettes. Un stage d'enseignants ou la régression instituée,* Paris, Payot, 1977, 278 p.

   Compte-rendu *in extenso* et analyse d'une intervention avec les professeurs d'école normale, selon l'approche sociopsychanalytique. Commentaires de l'auteur : la formation comme processus de libération secondaire et nécessaire.

184. BERBAUM (J.), « l'Entraînement à l'observation comme élément de la formation des enseignants », *les Sciences de l'éducation,* n° 2-3, 1976, p. 73-93.

185. BIGEAULT (J.-P.), TERRIN (B.), *l'Utilisation psychanalytique en éducation,* Paris, P.U.F., 1978, 268 p.

   Où est dénoncée une « intoxication idéologique » qui menace l'identité de l'éducateur, et spécialement de l'enseignant, en rapport avec la fascination exercée par des idées psychanalytiques perverties.

186. BRUNELLE (L.), CHAPUIS (O.), *Travail de groupe et non-directivité à l'école maternelle et dans l'enseignement élémentaire, suivi de considérations très actuelles sur l'enseignement supérieur et la formation des maîtres,* Paris, Delagrave, « Education et Pédagogie », 1976, 93 p.

   Le point sur l'évolution des techniques de groupe dans l'enseignement supérieur et la formation des enseignants.

187. CANTER-KOHN (R.), *les Enjeux de l'observation,* Paris, P.U.F., 1982, 210 p.

   L'observation considérée comme une relation dans un contexte institutionnel donné est source de questionnements divers sur les situations et les motivations.

188. COHEN (R.), DESPAGNE (N.), « Une expérience pédagogique de formation », *Education et développement,* n° 99, février 1975, p. 14-28, tabl.

   Compte-rendu d'une expérience de formation centrée sur la personne de l'éducateur, menée à Paris par l'Institut de formation pédagogique et psychosociologique (école bilingue).

189. ENRIQUEZ (E.), « De la formation et de l'intervention psychosociologiques », *Connexions,* n° 17, 1976, p. 138-159.

   A partir des trois approches psychologique, sociologique et pédagogique de la formation, une interrogation radicale sur le sens que prend la notion de formation dans un contexte culturel qui valorise l'efficacité.

190. FERRY (G.), *la Pratique du travail en groupe. Une expérience de formation d'enseignants,* Paris, Dunod, « Sciences de l'éducation », 1971, 224 p.

> A partir d'une expérience d'enseignement de la psychopédagogie à des élèves-professeurs d'éducation physique, une réflexion sur les contradictions du processus enseigner-apprendre.

191. FILLOUX (J.), « Formation des enseignants, dynamique de groupes et changement », *Orientations,* n° 30, 1969, p. 21-37.

> Impressions d'enseignants ayant participé à des expériences de formation par la dynamique de groupe dégageant un besoin de changement des modèles de formation et l'émergence de nouvelles fonctions.

192. FILLOUX (J.), *Du contrat pédagogique, ou comment faire aimer les mathématiques à une jeune fille qui aime l'ail,* Paris, Dunod, collection « Sciences de l'éducation », 1974, 370 p.

> L'auteur a interrogé des enseignants et des élèves des classes de troisième et seconde sur ce que représentent pour eux la vie et le travail scolaire. l'Analyse de ces entretiens non-directifs dans le cadre de la théorie psychanalytique.

193. HAMELINE (D.), *Du savoir et des hommes. Contribution à l'analyse de l'intention d'instruire,* Paris, Gauthier-Villars « Hommes et Organisations », 1971, 258 p., bibliogr., index.

> L'illusion de l'idéal, l'illusion du volontaire, l'illusion instituante, l'illusion pédagogique, le désir de scientificité, l'illusion thaumaturgique, l'illusion non-directive : l'enseignant s'y débat et n'en réchappe pas toujours.

194. HONORE (B.), BRICON (J.), (sous la direction de), *Former des enseignants. Approche psychosociologique et institutionnelle,* Toulouse, Privat, 1981, 200 p.

> Présentation de trois types d'expériences de formation continue à partir desquelles s'élabore une problématique de la formation.

195. KETELE (J.-M. de), « la Formation des enseignants : les modèles existants. Proposition d'une conception de synthèse », *les Sciences de l'éducation,* Paris, n° 1-2, 1979, p. 37-60.

> Description de quatre modèles des conceptions et pratiques de la formation des enseignants, empiriques ou rationnels, privilégiant la situation naturelle ou artificielle de formation. Essai de synthèse.

196. KOHN (R.), *les Enjeux de l'observation,* Paris, PUF, 1981, 210 p.

> Les aspects relationnels de l'observation. L'observation questionnante comme moyen de formation.

197. KOHN (R.), MASSONAT (J.), PIOLAT (M.), « Formation par l'observation de situations éducatives : éléments pour une problématique », *Revue française de pédagogie,* Paris, n° 43, 1978, p. 47-63, bibliogr.

> Discussion des origines, besoins, modalités de l'observation comme technique de formation des enseignants. Modification des rapports avec l'institution, explicitation des cadres individuels de l'observateur et de la fantasmatique relationnelle, mise sur pied d'outils et techniques d'observation.

198. LABORDERIE (R.), « la Formation des enseignants. L'innovation continue », *SELICAV,* n° 29 et 30, 1978.
    Le décloisonnement des structures de formation.
199. LEVY (G.), RUEFF (C.), *Enseignants, à vous de choisir !,* Paris, Payot, collection « Sciences de l'homme », 1976, 231 p.
    Compte-rendu de deux interventions auprès de groupes institutionnels d'enseignants selon l'approche sociopsychanalytique.
200. MORRISON (A.), Mc INTYRE (D.), *Psychologie sociale de l'enseignement,* Tome I : *Etude des comportements enseignants et problèmes de formation,* Tome II : *l'Enseignement en situation : relation pédagogique et communications,* Paris, Dunod, « Sciences de l'Education », 1976, 204 p.
    Recherche concernant le comportement des enseignants et leur rôle dans l'institution, les problèmes de formation.
201. NOEL (F.), « la Profession d'instituteur vue par les normaliens et leurs professeurs », *Education et développement,* Paris, n° 142, 1980, p. 42-51.
    Etude visant à connaître l'image de la profession d'instituteur véhiculée par la formation à l'Ecole normale.
202. PLAIN (J.), *Pédagogie institutionnelle et formation,* Micropolis J. Plain, 1982, 195 p.
    La formation comme construction du sujet à partir des pratiques institutionnelles.
203. PERETTI (A. de), La formation des enseignants, *Revue française de pédagogie,* n° 6, janvier-mars 1969, 516 p.
    L'intérêt de l'enseignant pour les problèmes psychopédagogiques qu'il doit résoudre s'éveille plus sûrement dès qu'il entre en fonction. Il importe donc de mettre en œuvre des processus continus de réflexion, d'informations et de recyclage des enseignants entre eux au moyen de stages, colloques ou séminaires réguliers dont devraient tenir compte les horaires de la vie scolaire.
204. PIQUET (C.), ROUMETTE (S.), GAPOVAL (R.), *l'Oeil écoute. Une session vidéo de dynamique de groupe,* Ecole normale de Saint-Cloud, Centre audiovisuel, 1974, 51 p.
    Texte d'un film réalisé à partir de l'enregistrement vidéo d'une session de dynamique de groupe. Le texte est présenté par deux des réalisateurs qui relatent et tentent d'analyser cette expérience.
205. POSTIC (M.), « Techniques de groupe et formation permanente des enseignants », *Revue française de pédagogie,* n° 35, 1976, p. 15-23, bibliogr.
    Analyse des objectifs des groupes de base, comme moyen de formation psychopédagogique des enseignants.
206. POSTIC (M.), *la Relation éducative,* Paris, P.U.F., 1979, 243 p., bibliogr.
    Etude des diverses approches : psychologique, sociologique, psychosociologique et psychanalytique de la relation éducative.

207. PROST (A.), « les Attentes des jeunes enseignants au début de leur formation », *Revue française de pédagogie,* n° 24, juillet-août-septembre 1973, p. 5-18.
   Enquête effectuée au Centre pédagogique régional d'Orléans en 1971-1972.
208. RANJARD (P.), « Une action de formation des maîtres. La formation des maîtres de classes pratiques », *les Sciences de l'éducation,* n° 2, 1972, p. 53-68.
   Présentation du projet de l'I.N.F.A. pour la formation des maîtres du cycle pratique destiné aux enfants en état d'échec scolaire et n'ayant pas atteint l'âge limite de scolarité obligatoire.
209. ROGERS (C.), *le Développement de la personne,* Paris, Dunod, bibliogr., « Organisation et Sciences Humaines », 1967, 276 p.
   Où figure le célèbre texte « Enseigner et apprendre », qui proclame l'inutilité et la nocivité de l'acte d'enseigner.
210. SIMARD (M.), « la Pédagogie situationnelle », *les Sciences de l'éducation,* n° 4, 1975, p. 3-17
   Système pédagogique par l'utilisation systématique de la situation dans laquelle la personne vit.
211. SNYDERS (G.), *Où vont les pédagogies non-directives ?,* Paris, P.U.F., 1973, 324 p., bibliogr.
   Examen critique des principes et des pratiques de plusieurs auteurs contemporains qui sont réunis ici sous la dénomination de « non-directivé » : Neill, Rogers, Ferry, Hameline, Lobrot, Oury.
212. TUYNS (G.), « Genèse du concept de soi professionnel de l'enseignant », université de Genève, faculté des sciences de l'éducation. *Enquête permanente sur la recherche éducationnelle Aarau,* n° 78022, 1978, p. 1-6.
   Etude sur différents échantillons d'enseignants à différents stades de leur formation.
213. UEBERSCHALG (R.), « Une expérience vécue de formation des maîtres », *Amis de Sèvres,* n° 2, Paris, 1971, p. 13-18.
   Le stage coopératif pour la professionnalisation des étudiants-maîtres. Opinions des normaliens français qui ont suivi cette expérience au Québec.
214. Groupe d'Etudes pour les Méthodes Actives dans l'Enseignement (G.E.M.A.E.), 31 août-6 septembre 1969, Toulouse, 1970, 196 p.
   Essai de description d'une session de formation pour enseignants, stage du G.E.M.A.E.
215. C.E.P.R.E.G., *Situations de formation,* Editions universitaires C.E.P.R.E.G., 1974, 276 p.
   Evolution d'un organisme de formation psychosociologique : ses objectifs, sa pédagogie, sa pratique institutionnelle orientée vers l'autogestion.
216. *Essai de formation continue dans le 1er cycle,* C.R.D.P., Orléans, octobre 1975, 201 p., multigr.

Une expérience de formation personnelle en groupe.

217. *Un groupe de sensibilisation d'enseignants,* commentaire de Daniel Hameline, protocole 4, Paris, Epi, 1975, 220 p.

Compte-rendu in extenso d'une session de dynamique de groupe.

Bibliographie complémentaire

1. Généralités sur la formation des enseignants

1.1. Bibliographies

BOURDONCLE (R.), *Les travaux sur la formation des enseignants et des formateurs. Bibliographie signalétique (1970-1988)*, Paris, INRP, 1991, 190 p.

www.u-paris10.fr/rap_savoir/ras.htm
Bibliographie du secteur *Savoirs et rapport au savoir* du Centre de Recherche Éducation et Formation, Paris X Nanterre. Voir en particulier les classes 81 : théorie/pratique en éducation, 87 : le rapport au savoir des enseignants et des formateurs et leur formation, 88 : formation des adultes.

1.2 Traités, encyclopédies

Dictionnaire encyclopédique de l'éducation et de la formation, Paris, Nathan, 1998, 2e éd., 1167 p.
Notamment l'article *formation des enseignants* de R. Bourdoncle.

1.3. Documents officiels

BANCEL (D.), *Créer une nouvelle dynamique de la formation des maîtres*, Rapport au Ministre d'État, Ministre de l'Éducation Nationale, de la Jeunesse et des Sports, octobre 1989.

CASPAR (P.), *Réflexions sur la formation des formateurs en IUFM*, rapport de mission au ministre de l'Éducation Nationale, mars 2002.

CORNU (B.), BRIHAULT (J.), *Pour une rénovation du dispositif de formation des enseignants*, Rapport au Ministre de l'Éducation Nationale, janvier 2001.

DE PERETTI (A.), *La formation des personnels de l'Éducation Nationale*, Rapport au ministre de l'Éducation Nationale, Paris, La documentation française, 1982.

1.4 Colloques, symposia, rapports de recherche

BAILLAUQUES (S.) (dir.), *La personnalisation d'une formation professionnelle. Le cas des professeurs des écoles*, Paris, INRP, 2001, 250 p.
Une recherche sur les contradictions du nouveau paradigme de la formation des maîtres.

BOURDONCLE (R.), LUMBROSO (M.), *La formation continue des enseignants du second degré*, Paris, INRP, 1986, 205 p.

BOURDONCLE (R.), ZAY (D.), *École Normale et Université dans la formation des enseignants du premier degré (1979-1985). Une expérience pour les IUFM*, Paris, INRP, 1989, 155 p.

MEIRIEU (P.), DEVELAY (M.) (dir.), *Le transfert de connaissances en formation initiale et en formation continue*, Actes du colloque de sept. 1994, Lyon, CRDP, 1996, 177 p.

1.5 Livres

ALTET (M.), *La formation professionnelle des enseignants*, Paris, PUF., 1994, 264 p.

BAILLAUQUES (S.), BREUSE (E.), *La première classe. Les débuts dans le métier*, Paris, ESF, 1993.

CAUTERMAN (M.M.), DEMAILLY (L.), SUFFYS (S.), BLIEZ-SULLEROT (N.), *La formation continue des enseignants est-elle utile ?*, Paris, PUF., 1999, 220 p.

DEVELAY (M.), *Peut-on former les enseignants ?*, Paris, ESF., 1994, 156 p.
Quatre champs de compétences à développer en formation : les savoirs disciplinaires, la didactique, la pédagogie, la formation psychologique.

PAQUAY (L.), ALTET (M.), CHARTIER (E.), PERRENOUD (P.), *Former des enseignants professionnels. Quelles stratégies ? Quelles compétences ?*, Bruxelles, De Boeck, 267 p.

PERRENOUD (P.), *La formation des enseignants entre théorie et pratique*, Paris, L'Harmattan, 1994, 254 p.

ROBERT (A.), TERRAL (H.), *Les IUFM et la formation des enseignants aujourd'hui*, Paris, PUF., 2000, 161 p.
Bilan historique, sociologique et pédagogique des IUFM

TARDIF (M.), LESSARD (C.), GAUTHIER (C.), (dir.), *Formation des maîtres et contextes sociaux*, Paris, PUF., 1998, 290 p.
Perspectives internationales.

1.6 Numéros spéciaux de revues

" Formation des enseignants. Problématiques, orientations, perspectives ", *Les Cahiers du COPIE*, (Conseil franco-québecois d'Orientation pour la Prospective et l'Innovation en Education), n° 1, COPIE-CIEP, 1979.

" (f)utilité de la formation des enseignants ? ", *Les cahiers Binet Simon*, n°642 & 643, 1995.

" Quelle formation en commun pour les enseignants ", *Recherche et formation*, n° 13, 1993.

" Les professions de l'éducation. Recherches et pratiques en formation ", *Recherche et formation*, n° 16, 1994.

" Innovation et formation des enseignants ", *Recherche et formation*, n° 31, 1999.

" Clinique de la formation des enseignants. Pratiques et logiques institutionnelles ", *Connexions*, n° 75, 2001.

1.7 Articles

BEILLEROT (J.), " La formation des enseignants ", *Esprit*, n° 77, dec. 1991, pp. 151-157.

DEMAILLY (L.), " Modèles de formation continue des enseignants et rapports aux savoirs professionnels ", *Recherche et formation*, n° 10, oct. 1991, pp. 23-35
Le rapport au savoir mis en jeu par la situation de formation.

TAVIGNOT (P.), " La transmission de la profession d'enseignant, au carrefour du terrain et du centre de formation ", in HEBERT (E.), TAVIGNOT (P.), *Entrez dans nos classes*, Rouen, CNDP Haute Normandie, 1998, pp. 267-275.

2. L'éducation des adultes et la formation permanente

AFPA, *La formation de formateur, l'expérience de l'AFPA*, Paris, Ed. Éducation Permanente, 1988, 172 p.

ALLOUCHE-BENAYOUN (J.), PARIAT (M.), *La fonction formateur. Identités professionnelles. Méthodes pédagogiques. Pratiques de formation*, Paris, Dunod, 2000, (nlle. ed.), 233 p.
Radioscopie du métier de formateur.

BOURDONCLE (R.), *De la formation continue des adultes à la formation initiale des enseignants*, note de synthèse pour l'habilitation à diriger des recherches, Université Paris V, 1991.

CARRE (P.), *L'autoformation dans la formation professionnelle*, Paris, La Documentation française, 1992, 212 p.
Un état de la question à partir des recherches actuelles, notamment anglo-saxonnes.

CARRE (P.), CASPAR (P.) (dir), *Traité des sciences et des techniques de la formation*, Paris, Dunod, 1999

3. Modes d'approche de la formation des enseignants

3.1. Approche fonctionnaliste

BOUVIER (A.), OBIN (J.P.), *La formation des enseignants sur le terrain*, Paris, Hachette, 1998.
Qu'est ce qu'un formateur de terrain ?

ZAY (D.), *La formation des instituteurs*, Paris, Ed. Universitaires, 1988, 235 p.

3.2. L'approche scientifique

BARBIER (J.M.), DEMAILLY (L.), " Analyse des fonctions sociales et professionnelles de dispositifs utilisant la recherche comme outil de formation ", *Recherche et formation*, n° 17, 1994, pp. 65-76.

BERBAUM (J.), *Approche systémique des notions de formation*, Paris, PUF, 1982.

CHAIX (M.L.), " Formation et recherche ", note de synthèse : " Tendances d'évolution de la formation des adultes ", *Revue Française de Pédagogie*, n° 97, p. 90-94.

PERRENOUD (P.), " Le rôle d'une initiation à la recherche dans la formation de base des enseignants ", *Éducation et recherche*, n° 1, pp. 10-27.

La place de la recherche dans la formation des enseignants : stratégies françaises et expériences étrangères, Actes de Colloque nov. 1990, INRP, Dpt Politiques, pratiques et acteurs de l'éducation, 1991.

3.3. L'approche technologique

ALAVA (S.), (dir.), *Cyberespace et formations ouvertes*, Bruxelles, De Boeck, 2000, 224 p.

BARON (G.L.), BAUDÉ (J.), (ed.), *L'intégration de l'informatique dans l'enseignement et la formation des enseignants*, Actes du colloque de janvier 1992, Paris, INRP-EPI, 1992, 286 p. Les enjeux, les pratiques, la formation des enseignants

COMITI (C.), NADOT (S), SALTIEL (E.), *Le mémoire professionnel, enquête sur un outil de formation*, Grenoble, IUFM, 1999, 139 p.

CROS (F.), *Le mémoire professionnel en formation d'enseignants. Un processus de construction identitaire*, Paris, L'Harmattan, 1998.

CUEFF (C.), BARON (GL), BON (A.), MARTINEAU (M.) (eds.), *Audiovisuel et formation des enseignants*, Actes du colloques de nov. 1992, Paris, INRP, 1994.

LINARD (M.), *Des machines et des hommes : apprendre avec les nouvelles technologies*, Paris, Ed. universitaires, 1990.

MOTTET (G.), (dir.), *La vidéo-formation. autres regards, autres pratiques*, Paris, L'Harmattan, 1997, 397 p.

" Rôle des nouvelles technologies en formation ", *Cahier du CREN*, CRDP des Pays de Loire, 1991.

3.4. L'approche situationnelle

BLANCHARD-LAVILLE (C.), NADOT (S.) (dir.), *Malaise dans la formation des enseignants*, Paris, L'Harmattan, 2000, 275 p.

BLANCHARD-LAVILLE (C.), FABLET (D.) (coord.), *L'analyse des pratiques professionnelles*, Paris, L'Harmattan, nlle ed., 2000.

CENTRE DE RECHERCHE EN ÉDUCATION ET FORMATION, *Initier aux savoirs de la pratique. Les maîtres formateurs sur le terrain*, Nanterre, Publidix, 1993.

NADOT (S.), " L'analyse de pratiques en formation initiale des enseignants ", in BLANCHARD-LAVILLE (C.), FABLET (D.) (coord.), *Analyser les pratiques professionnelles*, Paris, L'Harmattan, 1998, pp. 163-187.

NIMIER (J.), *La formation psychologique des enseignants*, Paris, ESF, 1996, 221 p.
Théorie et guide pratique.

PAIN (J.), Groupe des Marleines, *De la pédagogie institutionnelle à la formation des maîtres*, Vigneux, Matrice, 1994, 227 p.

PECHBERTY (B.), " De la formation à l'intervention : analyse des pratiques chez les enseignants du secondaire ", in BLANCHARD-LAVILLE (C.), FABLET (D.) (coord.), *Pratiques d'intervention dans les institutions sociales et éducatives*, Paris, L'Harmattan, 2000, pp. 163-187

PECHBERTY (B.), " Le praticien réflexif, la diffusion d'un modèle de formation ", *Recherche et formation*, n° 36, 2001.

3.5 Histoires de vie

DELORY-MOMBERGER (C.), *Les histoires de vie. De l'invention de soi au projet de formation*, Paris, Anthropos, 2000, 289 p.

DESMARAIS (D.), PILON (J.M.) (coord.), *Pratiques des histoires de vie au carrefour de la formation, de la recherche et de l'intervention*, Paris, L'Harmattan, 1996.

DOMINICE (P.), *L'histoire de vie comme processus de formation*, Paris, L'Harmattan, 1990, 169 p.

FERRY (G.), *Partance*, suivi d'une étude de Daniel HAMELINE, *Histoire de vie, formation et pratique littéraire*, Paris, L'Harmattan, 1994, 295 p.
Un roman de formation.

GOETHE, *Willehm Meister*, Paris, Bibl. de La Pléïade, 1976, p. 367-1356.
Récit des années d'apprentissage.

LAINE (A.), *Faire de sa vie une histoire. Théories et pratiques de l'histoire de vie en formation*, Paris, Desclée de Brouwer, 1998.

LERAY (C.), LORAND (E.), *Dynamique interculturelle et autoformation. Une histoire de vie en pays Gallo*, Paris, L'Harmattan, 1995.

PINEAU (G.), *Produire sa vie : autoformation et autobiographie*, Montréal, Ed. coopérative Albert saint Martin, 1983.

PINEAU (G.), JOBERT (G.), *Histoire de vie*, 2 tomes, Paris, L'Harmattan, 1989.

" Histoires de vie ", *Éducation permanente*, n° 72-73, 1984.

" Les filiations théoriques des histoires de vie en formation ", *Pratiques de formation/Analyse*, n° 31, janv. 1996.

Postface

1883 - 2003 : vingt ans après

La lecture de l'ouvrage de Gilles Ferry sur la formation des enseignants provoque immanquablement, pour un lecteur qui le découvre aujourd'hui, une étrange impression : ce petit texte, admirablement ciselé, parfaitement structuré, d'une grande limpidité d'écriture, évoque, en effet, des réalités institutionnelles et des travaux déjà anciens, parfois même complètement oubliés. Son propos pourrait ainsi apparaître dépassé, comme une réflexion intéressante mais d'un autre âge, tout juste utile aux historiens. Ou alors il serait à considérer comme un document exotique, témoin d'une vieille histoire qu'on pourrait se rappeler avec humour ou émotion : " le bon temps ", pour les uns... " le temps des illusions " pour les autres.

Or, rien de tout cela, et même tout juste le contraire : le sentiment que le texte n'est même pas, comme on dit, " toujours d'actualité "... mais que c'est, en réalité, un texte très largement en avance sur l'état de notre réflexion et de nos institutions de formation aujourd'hui. La conviction, que l'on acquiert au fil des pages, que " nous n'en sommes pas encore là " et que ce document nous vient, en quelque sorte, non du passé mais du futur.

Avant même d'entrer dans la question de la formation des enseignants, Gilles Ferry procède, en effet, à des mises au point particulièrement importantes sur les rapports des *sciences de l'éducation* et de la *pédagogie*. Il écarte avec vigueur les illusions scientistes qui laissent entendre que l'acte éducatif serait réductible à l'ensemble des approches scientifiques fragmentées qui prétendent le décrire ; il récuse la psychopédagogie (dont on sait qu'elle est remplacée aujourd'hui par la sociopédagogie) et prône " un discours critique, interrogatif, exploratif ". Il trace ainsi une voie qui, tout en prolongeant la grande tradition pédagogique, de Pestalozzi à Paulo Freire, de Makarenko à Illich, est restée presque totalement vierge dans la recherche en éducation contemporaine. Qui se soucie, en effet, d'explorer aujourd'hui, de manière rigoureuse, les pratiques pédagogiques susceptibles d'aider les élèves à se mobiliser sur les savoirs scolaires ? Malgré quelques actes de résistance, particulièrement intéressants mais terriblement marginaux - comme le beau travail qui se fait sur la " pédagogie institutionnelle " initiée par Fernand Oury -, la pédagogie reste, pour l'essentiel, à la porte de l'université. Nous croulons sous des analyses fort pertinentes qui décortiquent brillamment les causes de l'échec scolaire ; nous subissons une montée en puissance constante d'une didactique mécaniste qui réduit l'acte d'enseigner à une hypothétique " transposition " des savoirs savants... Mais nous semblons mépriser l'exploration systématique des méthodes qui - même si elles n'ont pas leur origine dans la prestigieuse université - pourraient vraiment permettre de faire face au défi inédit et inouï de notre société : faire accéder chacun aux fondamentaux de la citoyenneté, refuser que quiconque en soit écarté. Ainsi, tout se passe comme s'il fallait en permanence destituer les Denis Papin d'aujourd'hui, sous prétexte que la constitution de leurs échantillons n'est pas suffisamment rigoureuse et qu'ils n'ont pas fait acte d'allégeance à " la communauté scientifique " !

Gilles Ferry sait, lui, que la recherche en éducation n'est pas d'abord affaire de canons académiques, mais qu'elle est faite, indissociablement, de " réflexivité " et d'

" inventivité ". Il nous dit admirablement qu'elle est irréductible à toute forme d'aplatissement doctrinaire qui, sous prétexte d'homogénéité épistémologique, écarte cette " dialectique éducative ", ces contradictions fondatrices si fécondes et, pourtant, si mal explorées... malgré la référence mythologique à un *Émile* bien peu lu. Éduquer, c'est faire acte, simultanément, de directivité (parce que seul l'éducateur peut connaître les enjeux de l'éducation) et de non-directivité (parce que seul l'éduqué peut s'approprier les savoirs). La formation est toujours, à la fois, hétéro-formation (parce que nous apprenons toujours des autres) et auto-formation (parce que nous apprenons toujours nous-mêmes). Et, ainsi que l'explique bien Daniel Hameline, ce n'est que lorsqu'on s'efforce de penser ensemble les deux termes de la contradiction qu'on peut vraiment " inventer " et " penser ", sortir, tout à la fois, du volontarisme brutal ou du fatalisme résigné. Entrer, enfin, dans une éducation à hauteur d'homme.

Bien peu, en effet, ont souligné, comme le fait ici Gilles Ferry, la tension nécessaire entre *l'instrumentalisme* et *la dramatique* : l'instrumentalisme requis en éducation, comme dans toute activité humaine, pour réduire l'insupportable opacité de la rencontre entre des êtres... et la dramatique, absolument nécessaire pour restaurer l'épaisseur et le mystère, rendre à l'éducation son caractère d'aventure irréductible, d'engagement personnel avec une dimension éthique consubstantielle. Ce n'est donc pas un hasard si l'auteur, ici, quand il est amené à dresser un inventaire des objets d'étude nécessaires pour penser l'éducation, cite « les utopies pédagogiques, les romans, récits, pièces de théâtre, films mettant en scène l'acte éducatif » : il sait à quel point il existe là un matériau sous-exploité et qui permettrait justement aux futurs enseignants d'entendre, sur des objets culturels forts, comment se joue ce " drame éducatif " dans lequel ils seront inévitablement projetés. Cette étude n'est d'ailleurs pas contradictoire avec d'autres formes de travail et, en particulier, des " recherches-interventions dans une classe ou un établissement "... À cet égard, on ne saurait trop conseiller à nos formateurs d'aujourd'hui d'utiliser le tableau de la page 22 comme une forme de référentiel particulièrement efficace pour analyser la pertinence et la complétude des dispositifs qu'ils mettent en place.

S'agissant spécifiquement de la formation des enseignants, Gilles Ferry dit justement que c'est *" le lieu de la plus forte concentration idéologique "*. Les développements actuels en matière de politique de formation des enseignants lui donnent évidemment raison : on a bien vu, en effet, à quel point les polémiques sur l'éducation se focalisaient sur les Instituts universitaires de formation des maîtres (IUFM), au point que chaque gouvernement successif s'est engagé sur ce dossier en tentant, avec plus ou moins de succès, de donner des gages aux uns ou aux autres : aux tenants de " la pédagogie " et de " la culture de l'enseignement primaire ", d'un côté, et aux partisans du " tout disciplinaire " et du primat du " modèle secondaire " de l'autre. Cette tension, très largement entretenue par une multitude de lobbies, a donné lieu à une série de valses-hésitations, d'avancées et de retours en arrière, qui n'ont pas particulièrement contribué à clarifier le problème. Les querelles de territoire ont pris le dessus sur la réflexion en profondeur sur le métier d'enseignant, son unité et ses spécificités ; on a largement oublié que, pour penser intelligemment la formation, il convenait d'analyser ce qu'est enseigner et de disposer de modèles plausibles pour mettre en cohérence les dispositifs institutionnels proposés.

Or, il y a là un autre mérite essentiel de ce livre : il propose trois modèles de formation des enseignants, l'un centré sur " les acquisitions ", l'autre sur " la démarche ", le troisième sur " l'analyse ". Le premier modèle " pose la formation comme préparatoire à l'activité professionnelle " tout en affirmant qu'il convient de " réorganiser le savoir dans la perspective de sa transmission. " Gilles Ferry conteste ce modèle en soulignant qu'il s'appuie sur une vision étroite et dépassée de l'apprentissage, qu'il juxtapose des cours, des exercices et des stages sans souci de créer entre ces éléments une véritable interaction... et il a raison. Mais, au risque de me faire quelques nouveaux ennemis, je dois à l'honnêteté de constater qu'une bonne partie de la formation des enseignants en France n'en est même pas encore à ce modèle-là : car, contrairement à ce que décrit Gilles Ferry, on est loin de penser systématiquement la formation " à partir de la pratique du métier, des problèmes rencontrés par les enseignants dans leur expérience de la classe, de l'établissement, des rapports avec les parents, etc. "... toutes choses dont Gilles Ferry crédite ce premier modèle. Ne parlons pas des concours de recrutement des enseignants du second degré où ces questions relèvent d'une forme d'obscénité insupportable, mais simplement de bien des dispositifs de formation initiale et continue presque totalement étrangers à " la pratique du métier " : que penser, par exemple, d'un système où plus des deux tiers des sortants de la formation initiale seront amenés à exercer, dès leur première année de titularisation, la fonction de professeur principal et où cette fonction n'est même pas évoquée dans les plans de formation ? Gageons donc que le premier modèle décrit par Gilles Ferry constituerait déjà, s'il était appliqué sérieusement, un progrès significatif !

Le second modèle, lui, centré sur "la démarche" et consistant à mettre les personnes en situation de "résolution de problèmes professionnels", est presque totalement aujourd'hui du registre de la science-fiction. Si l'on excepte quelques expériences marginales ici ou là, quelques modules d'analyse de pratiques, quelques contacts épisodiques avec des maîtres de stage, on peut considérer que l'Éducation nationale, contrairement à d'autres secteurs (la santé, le travail social, l'animation), ne s'est guère avancée sur ce chemin. Certes, au premier abord, on pourrait imaginer que l'exhortation au compagnonnage à laquelle on assiste aujourd'hui, la valorisation permanente du stage, au détriment de tout autre forme de formation, le recours incantatoire au "terrain" relèvent de ce modèle. Mais ce serait l'avoir bien mal compris, avoir oublié, en particulier, que l'immersion dans "la pratique" ne se traduit pas forcément par "une démarche de résolution de problèmes professionnels". Ainsi que je le répète presque quotidiennement aux stagiaires avec qui je travaille, on ne revient jamais d'un stage avec des "problèmes", mais, seulement, avec des "difficultés". Un problème, cela se construit, difficilement : en sortant de la logique de la culpabilisation ou du bouc émissaire, en utilisant une grille de lecture de la situation, en repérant les variables en jeu et, tout particulièrement, celles sur lesquelles on peut intervenir, en imaginant des scénarios, en comparant leur efficacité possible, en se donnant des indicateurs permettant d'analyser les résultats obtenus, etc. Rien de spontané là-dedans. Un travail obstiné, au contraire, qui requiert la présence attentive d'un formateur compétent et disponible. Une réflexion nécessaire sur les conditions de transférabilité des habiletés stabilisées, une mise en perspective théorique exigeante... Bref, un horizon qui est loin d'être atteint.

Mais, là où Gilles Ferry nous aide tout particulièrement à progresser, c'est quand il nous montre la nécessité de dépasser les deux premiers modèles pour accéder au troisième : le modèle centré sur " l'analyse ". Il s'agit ici de développer " la capacité d'observer et d'analyser les situations (...). L'analyse intègre les savoirs, les savoir-faire, les expériences vécues et vise à leur donner sens. " Il s'agit bien de " produire du sens " et de développer " l'ouverture à agir ". Au total, le cœur de la formation, c'est " la régulation ", le va-et-vient entre pratique, théorie et pratique.

Certes, pour ma part, je dois dire que je suis un peu agacé par l'usage que l'on fait aujourd'hui des termes de " théorie " et de " pratique ". Ils me paraissent générateurs d'ambiguïtés : comment peut-on laisser penser que, " sur le terrain ", il n'y a que de la " pratique " alors que la " théorie " serait l'apanage des organismes de formation ? Comme si les praticiens ne faisaient pas une grande consommation de théories et comme si les formateurs ne mettaient pas en œuvre des pratiques de formation... le plus souvent contraires, d'ailleurs, aux théories qu'ils y énoncent ! De plus l'opposition entre théorie et pratique pourrait laisser entendre que l'alternance en formation consiste à appliquer, dans les pratiques, les théories acquises par ailleurs... comme, d'ailleurs, le laisse entendre l'expression encore malheureusement usitée d' " école d'application ".

Évidemment, Gilles Ferry ne bascule pas dans ces travers, bien au contraire ! Il insiste longuement sur l'articulation étroite entre les deux termes du fameux diptyque et leur inséparabilité. Il " exclut que la pratique puisse être formatrice par elle-même, si elle ne fait pas l'objet d'une lecture en termes de référents théoriques ", comme il assure que les théories ne font pas l'objet d'une génération spontanée et ne peuvent, en formation, se suffire à elles-mêmes. Il plaide, en réalité, pour "une formation à la lucidité"... même s'il évoque le danger d'un excès de lucidité qui, de toute évidence, peut être inhibiteur en révélant des phénomènes qui rendent dérisoires l'investissement et l'effort de l'enseignant : aucun enseignant, en effet, ne peut enseigner sans un minimum de cécité sur ce qui se passe vraiment " dans la tête de ses élèves ", au risque du découragement permanent ! Mais la limite à donner à la lucidité est aussi affaire de lucidité.

On n'échappe pas à cette donnée qui est aujourd'hui très largement mise en évidence par tous les sociologues du travail : dans tous les métiers, ce qui fait la différence, ce qui fait le véritable expert, c'est la lucidité. Et comment définir la lucidité sinon comme la capacité à prendre des décisions en conscience des enjeux ?

Voilà bien l'essentiel, en effet, tel que le révèle, de manière extraordinairement prémonitoire, l'ouvrage de Gilles Ferry : un enseignant-expert est un professionnel capable de prendre des décisions en sachant ce qu'il fait, en anticipant les conséquences auxquelles il peut s'attendre et en comprenant ce qui se trame dans ce qui n'est jamais un simple geste technique et qui porte toujours des représentations implicites ou explicites de l'apprentissage, de la culture, de la société.

Disons les choses autrement : un enseignant passe sa vie à prendre des décisions. Il décide d'interroger un élève plutôt qu'un autre, de proposer tel ou tel exercice, d'utiliser un exemple ou une illustration empruntés à un manuel plutôt qu'à un autre. Il interrompt son discours à un moment précis pour poser une question, renvoyer à une lecture... Une multitude de décisions dont dépend la réussite de son entreprise. Certes, une partie de ces décisions doit être " routinisée " : on ne peut pas, à chaque instant, délibérer de tout, au risque de ne plus rien faire. Mais il faut, néanmoins, savoir " passer en pilotage manuel " régulièrement, en considérant l'importance de ce que l'on fait et en devenant, à l'occasion, un véritable " praticien réflexif ".

À cet égard, " l'enseignant expert " n'est pas fondamentalement différent du " chirurgien expert " ou du " jardinier expert " : ce qui les constitue, les uns et les autres, en tant qu'experts, c'est la capacité de faire face à des situations nouvelles en faisant le geste juste, celui dont on mesure lucidement les conséquences, celui dont on connaît les enjeux. Et, pour former à l'expertise, de toute évidence, le " modèle de l'analyse " que nous présente Gilles Ferry est bien le plus fécond.

Reste que, malgré tout, un enseignant n'est ni un chirurgien, ni un jardinier et, si l'on peut analyser l'activité de tout " professionnel expert " en termes de niveau taxonomique, de capacité à prendre les bonnes décisions en fonction des changements de contexte et de perspective, un métier se définit spécifiquement par une " visée ", une forme particulière de prise sur le monde, un " projet ". Et là est, aussi, le mérite de Gilles Ferry : conscient qu'aucun métier n'est réductible à la somme des compétences nécessaires pour l'exercer, démontrant que la maîtrise technologique, aussi poussée soit-elle, ne peut, en aucun cas, permettre de faire l'impasse sur " le projet d'enseigner ", il conclut son ouvrage en promouvant ce qu'il nomme " l'approche situationnelle " : *" J'appelle* situationnelle *toute approche qui développe une problématique de la formation fondée sur la relation du sujet aux situations éducatives dans lesquelles il est engagé, y compris la situation de sa propre formation. "* Et l'on aurait tort, me semble-t-il, de réduire cette approche à l'ensemble des dispositifs qu'elle requiert : stages et régulations, groupes de travail sur les pratiques, monographies, ateliers d'élaboration de situations d'apprentissages, entraînements à l'écriture professionnelle, etc. L' " approche situationnelle " est bien plus que cela : c'est le fait de donner cohérence à tout ce que l'on fait en formation en le référant en permanence au projet spécifique d'enseigner. J'ai l'habitude de dire que ce " projet d'enseigner " comporte trois dimensions : une dimension culturelle qui renvoie à la transmission de savoirs spécifiques, une dimension politique qui renvoie à l'institution d'un espace et d'un temps où les rapports de force sont suspendus au profit de la recherche de la vérité, et une dimension philosophique qui renvoie à la définition que Kant donnait des Lumières : *Sapere aude...* " Ose penser par toi-même ". Et ma conviction, aujourd'hui plus que jamais, est que la formation au métier d'enseigner doit, en permanence, réinstaller ces préoccupations comme centrales. Aucune compétence culturelle ou technique n'a de signification proprement professionnelle si elle n'est pas référée à ce " projet d'enseigner ". Aucun problème rencontré ne peut être résolu de manière pertinente sans interroger les exigences propres du métier d'enseigner. Ce sont ces exigences qui permettent de discriminer les solutions conformes à l'exigence professionnelle de l'École de celles qu'on pourrait utiliser dans d'autres situations et avec d'autres visées : s'il s'agissait simplement d'occuper les élèves ou de les amuser ; s'il s'agissait d'imposer des savoirs au forceps ou de procéder à une entreprise d'inculcation efficace. L'approche situationnelle impose de se poser la question : ce que je fais, est-ce congruent avec l'Institution dans laquelle je me trouve, avec les principes qui la fondent ?

Et il n'est pas innocent de rappeler aujourd'hui que ce sont bien les pédagogues qui interpellent toujours l'École sur sa fidélité aux principes fondateurs qu'elle affiche. Ce sont les pédagogues qui posent les petites questions mesquines : " Est-ce qu'en enseignant ainsi l'on assujettit ou l'on émancipe vraiment les élèves ? Est-ce que les pratiques de la classe sont bien conformes aux valeurs de la République : *liberté, égalité, fraternité* ? " Questions faussement naïves et authentiquement révolutionnaires. Questions pédagogiques par excellence.

Et l'on ne sera pas étonné, donc, si, en conclusion de cette postface, je tiens ici à rendre hommage à celui qui demeure, à mes yeux, un des quelques véritables pédagogues de ces cinquante dernières années : Gilles Ferry.

Philippe MEIRIEU

631860 - Décembre 2015
Achevé d'imprimer par